3차
개정판

하나님이 기뻐하시는 교육을 향한 여정

기독학부모교실

기독교학교교육연구소 기획
박상진 편저

쉼이있는교육

하나님이 기뻐하시는 교육을 향한 여정

기독학부모교실

개정 1쇄 펴낸날 2012년 02월 06일
2판 7쇄 펴낸날 2021년 08월 20일
3판 1쇄 펴낸날 2023년 02월 13일
4쇄 펴낸날 2025년 04월 02일

기 획 기독교학교교육연구소
지은이 기독교학교교육연구소
펴낸이 박상진
펴낸곳 쉼이있는교육
출판사 등록번호 제2020-000015호
       (04969) 서울특별시 광진구 아차산로78길 44 크레스코빌딩 308호
       02-6458-3456, edu4rest@daum.net
디자인 박인선
I S B N 979-11-980502-6-7 (03230)

값 16,000원

하나님이 기뻐하시는 교육을 향한 여정

기독학부모교실

기독교학교교육연구소 기획
박상진 편저

기독학부모교실,
하나님의 교육 디자인

박상진 소장(기독교학교교육연구소, 장로회신학대학교 교수)

먼저 기독학부모교실 3차 개정판을 발간할 수 있도록 은혜를 베푸신 하나님께 깊은 감사를 드립니다. 2007년, 기독학부모교실을 처음 발간한 이후 수많은 교회와 기독교학교에서 이 교재를 사용하여 부모교육을 실천하였습니다. 이제는 '기독학부모'라는 생소했던 단어가 익숙하고 친숙하게 느껴집니다. 부모가 자녀교육의 주체임을 일깨우고, 자녀의 학업까지도 기독교적 관점으로 다가가 믿음의 자녀를 세워가도록 돕는 기독학부모 교육은 오늘 한국교회와 기독교학교의 가장 중요한 사명입니다.

특히 우리 모두가 함께 경험한 코로나 펜데믹은 자녀교육에 있어서 부모의 중요성을 새삼 깨닫게 하였습니다. 사회적 거리두기로 자녀를 학교에 보냈지만 가정으로 돌려보냈고, 교회학교에 보냈지만 부모에게 돌려보냈습니다. 다시금 부모 품으로 돌아온 자녀를 바라보면서 우리 모두는 신명기 6:7을 떠올리게 되었습니다. "네 자녀에게 부지런히 가르치며" 코로나를 통해 하나님 교육의 본질을 붙잡게 되었습니다. '아, 그렇구나. 하나님은 자녀를 부모에게 맡기셨구나. 이것이 하나님의 교육 디자인이구나.' 부모된 우리가 그동안 자녀를 '가르치지' 않고 '보내는 사람'으로 전락하였는데, 코로나의 고통이 다시금 부모의 자녀교육 사명을 회복하는 계기가 되었습니다.

마르틴 루터 킹 목사님의 그 유명한 연설 '나에게 꿈이 있습니다'를 기억할 것입니다.

저에게도 꿈이 있습니다. 이 땅 방방곡곡에서 기독학부모교실이 개설되어 잠자는 부모들이 깨어나는 꿈입니다. 그 부모들이 세속적인 부모에서 돌이켜 진정한 기독학부모의 정체성으로 회복되는 꿈입니다. 다음세대가 그 기독학부모들을 통해 믿음의 세대로 세워지는 꿈입니다. 그 믿음의 다음세대를 통해 한국교회가 다시금 부흥하는 꿈입니다. 모든 자녀들 속에 하나님이 주신 저마다의 은사가 타올라 하나님 나라가 확장되는 꿈입니다. 지역마다 기독학부모들이 공동체를 이루어 왜곡된 교육마저 변혁시키는 꿈입니다. 그래서 하나님이 영광 받으시고 하나님의 뜻이 이루어지는 꿈입니다.

이번에 발간되는 기독학부모교실 3차 개정판은 표지도 새로워졌을 뿐만 아니라 이 시대에 맞게 내용도 보완되고 보다 알찬 나눔이 이루어지도록 구성도 더 새로워졌습니다. 발간을 위해 수고하신 도혜연 실장을 비롯한 기독교학교교육연구소의 연구원들에게 깊이 감사드리고, 기꺼이 새로운 출판을 맡아주신 쉼이있는교육 출판사 관계자분들에게도 감사의 인사를 전합니다. 기독학부모교실 3차 개정판은 단지 좋은 부모교육 교재가 아니라 하나님의 사랑이 우리 부모를 통해 다음세대의 가슴에 쏟아지는 은혜의 통로가 되기를 바라며, 이 교재를 사용하는 모든 분들에게 주님의 은총과 평화가 넘치기를 기도합니다.

기독학부모교실에의 초대

박상진 소장(기독교학교교육연구소, 장로회신학대학교 교수)

지난 2005년 11월에 창립된 기독교학교교육연구소는 학교교육의 영역에서 하나님 나라를 확장하고자 다양한 노력을 기울이고 있습니다. 그중에서 특히 소중하게 생각하는 일이 있는데, 바로 '기독학부모교실'입니다. 기독학부모들이 자신의 정체성을 확립하고 기독교교육의 주체로서 참여하고 기독교학교교육을 지원한다면 놀라운 변화가 가능하기 때문입니다. 교육의 주체를 정부도, 교육인적자원부도, 시·도 교육청도 아닌 바로 학부모들입니다. 구약성경 신명기 6장 4-9절과 신약성경 에베소서 6장 4절의 말씀처럼 부모에게는 자녀 교육의 책임과 사명이 있습니다. 기독학부모는 자녀를 기독교교육으로 양육해야 할 책임이 있습니다. 자녀를 교회학교에 보낼 뿐 아니라 학교에서 이루어지는 교육에 대해서도 기독교적 관심을 갖고 교육해야 합니다.

그런데 한국의 기독학부모들의 모습은 어떠합니까? 한국 교회의 성도 대부분이 학부모이지만 자녀 교육이나 학교 교육에 대해서 기독교적인 가치관을 확립하고 이를 실천하고 있는 경우는 많지 않습니다. 그들이 예수 그리스도를 주로 고백하는 그리스도인이지만 교육에 대해서는 여전히 세속적인 생각과 태도를 갖는 경향이 있습니다. 기독교인 학부모라고 하지만 자녀를 '하나님의 일꾼'으로 양성하는 것에 우선적인 목적을 두기보다는 자녀가 '일류 대학'에 들어가는 것을 목적으로 둡니다. 복음을 알지 못하는 사람들과 다를바 없이 획일적인 경쟁주의에 자신을 내몰며, 성품이나 인격의 성숙에는 무관심한 채 다른 사람의 자녀보다 내 자녀가 앞서기만을 바라는 그릇된 교육열에 사로잡히는 경우도 있습니다. 자녀에게 허락하신 하나님의 은사와 재능을 잘 발견하고 이를 개발하여 하나님 나라에 공헌할 수 있도록 하기보다는 세상의 평판과 기준대로 판에 박힌 듯한 교육을 강요하기도 합니다.

이제는 기독학부모들이 참된 기독교인으로서 세속적 가치관으로 교육을 대하는 것이 아니라 기독교적으로 생각하고 판단하고 실천하는 변화가 필요합니다. 아무리 기독교 학교가 세워지고 기독교사들이 노력한다고 하더라도 학부모들의 세상적인 가치관과 자녀에 대한 그릇된 욕심이 바뀌지 않는다면 기독교교육은 왜곡될 수밖에 없습니다. 기독학부모들이 기독교적 신앙과 기독교적 세계관에 입각해서 교육을 바라보고 자녀들을 대할 수 있어야 합니다. 그리고 기독학부모들이 자기 자녀만이 아니라 이 땅의 교육의 문제를 기독교적으로 바라보고 애통하는 마음을 갖고 이를 변혁시키는 주체로서의 역할을 감당해야 합니다. 기독학부모로서의 삶은 개인적인 차원도 중요하지만 공동체적인 차원도 중요합니다. 나 혼자 좋은 기독학부모가 되는 것보다 더 많은 기독교인 학부모들이 기독학부모로서의 정체성을 확립하고 공동체를 이루게 될 때 교육의 영역에서 하나님 나라가 확장될 수 있습니다. 기독교인 교사들이 각성하고 기독교사의 정체성을 회복하여 '기독교사운동'을 담당하게 될 때 학교 현장을 변화시켜 나가듯이, 기독교인 부모들이 '기독학부모운동'을 통해 교육의 영역에 기독교적 영향력을 발휘할 수 있습니다.

안타깝게도 한국에서는 기독학부모운동을 찾아볼 수 없습니다. '전교조'를 비롯한 다양한 교사 단체들이 활동하고 있고 이를 통한 교사운동은 활발한 편이지만 학부모운동 자체가 취약하며, 더욱이 기독학부모운동은 전무하다고 해도 과언이 아닙니다. 한국 교회의 기독교인 학부모들을 깨워 기독학부모로서의 사명을 감당케 하고, 이를 공동체적인 기독학부모운동으로 발전시키는 것은 전체 기독교교육운동에 크게 공헌할 것이 분명합니다. 이제 막 시작한 '기독학부모교실'이 마치 겨자씨처럼 작지만 점점 자라서 나중에는 새가 깃드는 나무가 되듯이, 이 땅의 암울한 교육 현실을 변화시키는 '기독학부모운동'으로 성숙하여, 지치고 병든 이 땅의 아동과 청소년들이 진정한 교육의 축복을 누릴 수 있게 되기를 소망합니다.

끝으로 기독학부모교실 교재가 발간되기까지 기쁨으로 수고의 땀을 흘리며 저와 함께 집필해 주신 최정민 목사님, 이해주 목사님, 그리고 배윤선, 김지현, 신은정, 신혜진 연구원님들과 아낌없이 연구를 지원해주신 영락교회 학원선교부 여러분께 깊은 감사를 드립니다.

기독학부모와
함께하는 여행을 안내합니다

기독학부모로 성장하는 여정에 함께 해 주셔서 감사합니다. 이 여행은 교육을 향한 주님의 손길을 기대하며 새로운 결단을 가져오는 의미 있는 여정이 될 것입니다.

+ 함께 여행할 기독학부모 조를 구성하십시오. 5명 정도가 한 조를 이루면 좋습니다.

+ 연령대와 자녀의 학령이 비슷한 학부모가 한 조로 참여하면 공감대를 쉽게 형성할 수 있습니다.

+ 같은 학교나 교회의 학부모로 구성하면 더욱 좋습니다.

+ 함께하는 시간이 정해져 있으므로 책에서 벗어난 이야기나 개인적 경험은 자제해 주시고, 모든 이들이 편안하게 대화를 나눌 수 있도록 대화의 독점을 삼가주십시오.

+ 책의 내용을 읽어가면서 조원의 생각과 의견을 함께 나눕니다. 원활한 진행을 위해 각 조원들이 아래와 같이 역할을 갖도록 권합니다.

이끔이 : 모임을 전체적으로 이끌어 갑니다.

기록이 : 나눈 의견과 생각을 기록하고 정리합니다.

칭찬이 : 나눔이 이루어질 때 칭찬하며 격려하는 역할을 합니다.

지킴이 : 나눔이 정해진 시간 안에 마칠 수 있도록 시간 배분하고 체크합니다.

섬김이 : 모임에서 나눌 간식이나 다과를 챙기거나, 준비물을 챙깁니다.

깔끔이 : 모임 이후, 공간을 깨끗하게 정리합니다.

+ 각 과는 다음과 같은 여정으로 구성되어 있습니다.

여행길에 오르며	첫 여정을 시작할 때 내딛는 길입니다. 이때 각자의 모습을 되돌아봅니다.
잘못 들어선 길	이미 잘못된 길에 들어서고 있지 않은지 살펴봅니다. 잘못된 길을 따라간 우리의 모습을 돌아보면서 문제의식을 가지게 되고 바른 길을 찾고자 결단합니다.
바른 지도 찾기	하나님께서 원하시는 길이 무엇인지 말씀에 비추어 성찰합니다.
지도를 따라서	바른 지도를 따라 자신의 삶과 자녀양육의 자세한 실천사항을 워크숍을 통해 결단하고 실천합니다.

+ 함께 기도하면서 기독학부모로서의 여정에 오릅시다. 큐티나 기독학부모 기도문을 함께 하는 것도 유익합니다.

이 여행길에 주님의 은총이 함께하기를 기도합니다

여덟 번의 여정동안 함께 할 지체들과 서로를 소개한 후 기도제목을 나눠주세요.

우리 조 이름 :

이름	자녀 이름, 나이	연락처	기도제목

우리의 다짐

우리는 기독학부모교실 8주 동안

기독학부모로서 자기정체성을 찾고, 하나님이 원하시는 교육을 위해

함께 진솔하게 나누고, 기도로 동역할 것을 다짐합니다.

이름 :   (서명)

....

목 차

1

첫 번째 여정,

기독학부모는
누구인가

"네 자녀에게 부지런히 가르치며" (신6:7)

여행길에 오르며

우리에게는 수많은 이름들이 있습니다. 교회 성도, 부모, 자녀 등…

여기에 또 하나 중요한 이름이 있으니 바로 '기독학부모'라는 정체성입니다.

기독학부모는 누구일까요?

나는 기독학부모로서 올바른 정체성을 가지고 살아가고 있나요?

+ 자신을 누구라고 생각합니까? 자신을 나타내는 호칭들을 모두 써 보세요. 그중에 중요하다고
  생각되는 것 세 가지를 동그라미 해보세요.

+ 그 중에 '학부모' 또는 '부모'라는 호칭은 몇 번째를 차지했나요? 왜 중요하다고 생각하나요?

　　인생은 자신을 누구라고 생각하느냐에 따라 행동하게 됩니다. 자신을 그리스도인이
라고 생각하는 사람은 그리스도인답게 살고자 노력하고, 어머니 또는 아버지로 생각하
는 사람은 부모로서의 역할에 집중합니다. 우리에게 존재하는 수많은 이름표 중 우리
가 중요하게 생각하는 정체성이 바로 '기독학부모'로서의 정체성입니다. 자녀를 낳고,
학교교육으로 자녀를 양육하는 대부분의 한국교회 성도들은 과연 기독학부모로서의 자
기 정체성을 가지고 있을까요? 우리는 자녀가 성인이 되기까지 대부분의 시간을 보내
고 영향을 받고 있는 학교교육에 대해 기독교적인 관점을 가지고 바라보고 있나요? 내
자녀만이 아니라 이 땅의 자녀들이 겪고 있는 교육 가운데 하나님의 뜻을 찾고 있나요?
하나님께서는 기독학부모들이 깨어나서 기독학부모로서의 자기 정체성을 지니고 내 자
녀의 교육문제는 물론 이 땅의 왜곡되고 뒤틀린 교육의 현실을 치유하고 회복하기시를
원하십니다.

잘못 들어선 길

+ 자녀들이 다니고 있는 학교를 생각하며, '학교는 □이다'로 정의내리거나 이미지를 그림으로
표현해 보세요.

1. 행복하지 않은 아이들

아동·청소년 5명 중 1명 '행복하지 않아'… '학업 스트레스'

아동·청소년 5명 중 1명 정도가 '행복하지 않다'고 느끼는 것으로 나타났다. 이들은 가장 큰 이유로 '학업 문제'를 꼽았다. 5일 보건복지부와 아동권리보장원은 '2021년 아동 권리 인식조사' 결과를 발표했다.

국내 아동·청소년 1,270명에게 행복하다고 느끼는 정도를 물어본 결과 '행복하다'는 응답은 81.4%(대체로 행복 57%, 매우 행복 24.4%)로 나타났다. 하지만 18.6%는 '행복하지 않다'(전혀 행복하지 않다 2.8%, 별로 행복하지 않다 15.8%)고 답했다. '행복하지 않다'고 답한 아동·청소년들은 '학업 부담이나 성적 등 학업 문제 때문'(33.9%)이라고 가장 많이 답했다. '미래(진로)에 대한 불안'도 27.5%에 달했다. '가정의 경제적 어려움 때문에'(7.6%), '가정이 화목하지 않아서'(6.4%), '친구와의 관계가 좋지 않아서'(6.4%), '외모나 신체적 조건이 마음에 들지 않아서'(5.9%), 기타(12.3%) 등의 순이었다 … (생략)

〈아시아투데이 22-05-05〉

2. 사교육에 물든 왜곡된 교육

사교육에 치이는 강남 아이들… 마음의 병 깊어간다

… (생략) '좋은 대학 가려면 먼저 대치동으로 가야 한다'는 말이 있었다. 여러 사회·경제적 여건들이 상호작용을 한 결과였을 터이다. 그 속에는 학생들의 눈물과 고통이 숨어있다.

과도한 사교육에 고통 커져

강남구 보건소가 지난 5~7월 관내 중 2·3학년과 고 2학년 1,600여명을 대상으로 조사한 '강남구 청소년 사교육, 정신건강 현황조사' 결과 보고서를 최근 발표했다. 조사 대상 중고생 중 43.1%가 스트레스 받는 것으로 나타났다. 이들은 평상시 스트레스를 '항상 느낀다' 또는 '느낀다'고 답했다. 성별로는 여학생(51.0%)이 남학생(35.4%)보다 훨씬 높았고, 고교생(46.0%)이 중학생(39.5%)보다 높게 나타났다. '2018년 청소년 건강행태 조사'(교육부, 보건복지부 질병관리본부)와 비교해볼 때, 서울시 전체 중고생의 스트레스 인지율 40.4%보다 강남구에서 약간 더 높은 수치이다.

학생들의 스트레스 원인은 주로 학업 때문이었다. 스트레스 원인 중 학업이 차지하는 비중은 약 59%로 절반이 넘었다. 대학입시를 준비하는 고등학생(61.6%)이 중학생(55.0%)보다 높았고, 여학생(60.5%)이 남학생(56.9%)보다 높았다. 다만 스트레스를 받는다고 응답한 학생 가운데서는 남학생(71.4%)이 여학생(68.7%)보다 조금 높게 나왔다.

스트레스·우울감에 극단행동 벌여

학생들의 높은 스트레스와 우울감은 극단적인 행동을 불러온다. 죽고자 하는 의도 없이 고의로 자신의 신체에 자해를 하는 학생이 4.7%로 나타났다. 여학생이 5.1%로 남학생(4.3%)보다 약간 높았고, 중학생의 비율은 5.6%(남 5.4%, 여 5.8%)로, 고등학생(3.9%)에 비해 높은 것으로 나타났다. 현재 국내 청소년들의 자해에 대한 실태조사는 많지 않은데, 한 연구에서는 중고생의 경우 22.8%, 여중생의 경우 20%가 자해를 경험한 것으로 보고됐다. 처음 자해를 한 나이는 14살(25.4%), 13살(22.4%) 순으로 나타나, 자해 행동이 보통 14~15살에 처음 발생한다는 국외 연구 결과와 유사했다. 자해를 시도한 학생 중 자해 행동과 관련해 전문가에게 도움을 요청하거나 상담을 받은 경우는 거의 없는 것으로 나타났다.

최근 12개월 동안 심각하게 자살을 생각한 적이 있다는 학생의 비율도 8.7%에 달했다. 여학생은 10.1%, 남학생은 7.3%로 여학생이 남학생에 비해 높은 것으로 보고됐다. 구체적인 계획을 세운 적이 있는 학생의 비율도 2.5%, 자살을 시도해본 적이 있는 학생은 1.1%로 나타났다. 자살을 생각하는 이유로는 학업 및 진로 문제가 40.6%로 가장 높은 비중을 차지하였으며, 다음으로 가족 갈등(24.7%), 친구 및 대인관계 문제(18.7%) 등의 순이었다.

심리상담을 원하는 학생도 늘고 있다. 평소 정신건강 문제로 심리상담을 받고 싶었던 적이 있었던 학생은 현재 혹은 과거 심리상담 경험자를 포함해 16.2%로, 여학생(20.4%)이 남학생(12.3%)보다 정신건강서비스에 대한 수요가 크게 높았다. … (생략)

〈한겨레 2019-08-26〉

자녀가 성인이 되기까지 12년 이상을 보내는 학교교육 현장은 마냥 행복한 곳일까요? 막상 학교를 다니는 아이들은 스스로 행복하지 않다고 고백하는 현실 속에서 기독학부모는 어떤 역할을 할 수 있을까요? 입시경쟁은 여전히 존재하고, 학교 폭력 및 집단 따돌림의 문제는 점차 커지며, 해결되지 않는 사교육 팽창의 문제, 아이들을 한 줄 세우기로 평가하는 교육평가 등 교육 고통의 현실은 여전히 존재하고 있습니다.

3. 고통당하는 학생, 신음하는 학부모

출애굽기 3장 9절을 읽어봅시다.

> 이제 가라 이스라엘 자손의 부르짖음이 내게 달하고 애굽 사람이 그들을 괴롭히는 학대도 내가 보았으니

하나님께서는 장인 이드로의 양떼를 치고 있던 모세에게 떨기나무 불꽃 가운데 나타나셔서 모세에게 새로운 소명을 불어넣어 주십니다. 모세 개인에게 국한된 소명이 아니라 고통 중에 있는 애굽 땅 하나님의 사람들을 향한 소명을 말씀하십니다.

하나님은 애굽의 압제 속에 있는 이스라엘 백성의 고통을 분명히 보고 그 부르짖음을 듣고 계셨으며, 이를 해결할 수 있도록 한 사람을 부르셨습니다. 하나님은 애굽의 압제 속에서 신음하는 이스라엘 백성을 모른 척 하지 않으셨습니다.

그 부르짖음을 들으시는 하나님은 이 땅에서 교육으로 인해 고통당하는 학생들의 모습을 보시며, 신음하는 소리를 듣고 계십니다.

+ 기독학부모로서 내가 듣고 있는 교육의 신음소리가 있나요? 자녀의 삶, 한국교육의 모습을 떠올리며 세 가지를 적어보세요. 왜 그것이 여러분에게 아픔으로 다가오나요?

언제부터인가 교육은 축복이 아니라 고통이 되었습니다. 오늘날 우리 사회의 수많은 사람들이 교육으로 인해 고통당하고 있습니다. 학업으로 인한 고민과 고통 때문에 자살을 택하는 학생들이 끊이지 않고 있습니다. 최근 '아동·청소년 인권실태조사'(초.중.고생 9,060명 응답)에 따르면 최근 1년간 죽고 싶다고 생각을 해본 정도의 물음에서 '자주'는 5.2%, '가끔'은 28.6%에 달하였습니다. 죽고 싶은 이유에 대해서도 1위는 학업문제(37.2%), 2위는 미래에 대한 불안(21.9%)에 달하였습니다. 국민건강보험공단은 진료현황을 보고하며 아동·청소년의 우울증, 불안장애 진료도 증가했다고 발표했습니다.

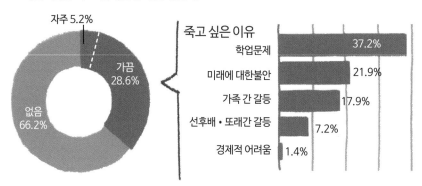

최근1년간 죽고 싶다는 생각을 해본 정도

자주 5.2%

가끔 28.6%

없음 66.2%

죽고 싶은 이유

학업문제	37.2%
미래에 대한불안	21.9%
가족 간 갈등	17.9%
선후배 · 또래간 갈등	7.2%
경제적 어려움	1.4%

연합뉴스 자료 / 한국청소년정책연구원

이처럼 한국의 아동·청소년들은 교육 가운데 삶의 희망을 찾기는커녕 불행하다 말하며 아파하고 있습니다. 교실에서, 가정에서, 학원에서 그리고 사회의 그늘진 곳에서 고통당하여 신음하는 수많은 아이들이 있습니다. 또한 이 아이들을 보며 눈물 흘리는 수많은 부모들의 아픔이 있습니다. 나는 부모로서, 하나님을 믿는 그리스도인으로서 이 고통의 소리와 신음소리에 응답하고 있습니까? 기독학부모는 내 자녀와 우리 아이들, 그리고 그들의 부모들이 부르짖는 이 신음소리를 들을 수 있어야 합니다. 하나님께서는 호렙산에서 이스라엘 자손의 부르짖음을 들으시고 모세를 파송하십니다. 우리가 진정 기독학부모라면 우리도 하나님의 부르심에 응답해야 할 것입니다.

바른 지도 찾기

1. 자녀 교육의 주체로서의 부모

신명기 6장 4-9절을 함께 읽어 봅시다.

4 이스라엘아 들으라 우리 하나님 여호와는 오직 유일한 여호와이시니

5 너는 마음을 다하고 뜻을 다하고 힘을 다하여 네 하나님 여호와를 사랑하라

6 오늘 내가 네게 명하는 이 말씀을 너는 마음에 새기고

7 네 자녀에게 부지런히 가르치며 집에 앉았을 때에든지 길을 갈 때에든지 누워있을 때에든지 일어날 때에든지 이 말씀을 강론할 것이며

8 너는 또 그것을 네 손목에 매어 기호를 삼으며 네 미간에 붙여 표로 삼고

9 또 네 집 문설주와 바깥문에 기록할지니라

+ 밑줄 친 '너' 대신에 자신의 이름을 넣어 읽어봅시다.

+ 이 말씀에서는 자녀 교육의 일차적 책임이 누구에게 있다고 말하고 있습니까?

> (1) 학교 선생님　　(2) 정부 또는 국가　　(3) 자녀 자신　　(4) 부모

+ 말씀에서는 부모에게 무엇을 어떻게 교육하라고 하시나요?

우리가 잘 아는 이 말씀은 "쉐마"라고 하는 구절(4절)로 유명합니다. 쉐마는 '들으라'는 뜻으로, '이 말씀을 지키고 행하라'는 의미를 갖고 있습니다. 말씀은 먼저 부모들이 하나님을 마음과 뜻과 힘을 다해 사랑하는것을 마음에 새기고 그 말씀을 실천하며 자녀들에게 부지런히 가르치라고 합니다. 시간과 장소를 구분하지 말고, 언제 어디서든 부모가 자녀 교육의 주체로 서도록 강권하고 있습니다.

부모의 자녀 교육에 대한 책임은 신앙교육에만 국한되지 않습니다. 학교 교육을 포함한 모든 교육에 대한 일차적인 책임은 부모에게 있습니다. 다음은 우리나라 교육기본법 제13조입니다.

> 제 13조(보호자)
> ① 부모 등 보호자는 그 보호하는 자녀 또는 아동이 바른 인성을 가지고 건강하게 성장하도록 교육할 권리와 책임을 가진다.
> ② 부모 등 보호자는 그 보호하는 자녀 또는 아동의 교육에 관하여 학교에 의견을 제시할 수 있으며, 학교는 그 의견을 존중하여야 한다.

결국 교육의 주체는 정부도 교육부도 시·도 교육청도 아닙니다. 부모는 자녀를 자신이 확신하고 있는 가치대로 교육받을 수 있는 학교를 선택하여 보낼 권리가 있으며, 학교교육에 참여해야 할 책임이 있습니다. 국가는 아동·학생들에 대한 교육자가 될 수 없고, 교육의 보조자에 지나지 않는 셈입니다. 따라서 학교는 부모가 자녀 교육의 책임이 있지만, 보다 효과적이고 전문적인 교육을 위해 학생들을 위탁한 공간이며, 교육적 기능을 수행하는 곳입니다. 그러므로 부모는 자녀가 학교교육에서 어떤 교육을 받고 있는지 관심을 갖고 바른 교육이 이루어지고 있는지 점검해야 합니다. 이처럼 자녀를 부지런히 가르치는 것은 하나님께서 부모에게 명하신 일이며, 순종해야 할 부모의 역할입니다.

2. 기독학부모가 자녀의 학교교육에 관심을 가져야 하는 이유

1) 전인에 대한 관심

진정한 기독교교육은 자녀들의 전인에 관심을 갖습니다. 기독교 신앙교육은 좁은 의미의 '신앙생활' 또는 '교회생활'만을 의미하지는 않습니다. 모든 삶의 영역에서 주님되심(Lordship)을 인정하는 것을 의미하고, 전인(whole person)을 그 관심으로 포함합니다. "예수는 지혜와 키가 자라가며 하나님과 사람에게 더욱 사랑스러워 가시더라"(눅2:52)는 말씀은 기독교교육이 영적인 차원만이 아니라 지적 차원, 신체적 차원, 정서적 차원, 관계적 차원 등을 포용함을 보여줍니다. 영적인 차원은 다른 차원으로부터 분리될 수 있는 것이 아니라 서로에게 스며들어 있는 것입니다. 사실 가치중립적인 지식은 없으며, 신앙에 근거하지 않은 지식은 없습니다. 신앙은 자녀들이 공부하는 국어, 영어, 수학, 사회, 과학, 예술, 기술 등 모든 교과목과 관련되며 그 외 활동을 비롯한 학교생활 전체와 관련됩니다. 한국 교회와 기독학부모는 자녀들의 전인적 신앙교육에 관심을 가져야 합니다.

2) 하나님 나라 일꾼 양성에 대한 관심

사회 각 분야에서 하나님 나라를 이뤄가는 일꾼을 양성하는 것은 기독교교육의 중요한 목적입니다. 오늘날 정치, 경제, 사회, 문화, 예술, 교육, 기술, 과학 등 모든 분야에서 기독교적 비전을 가진 그리스도인을 요구하고 있습니다. 하나님께서 모든 자녀에게 은사와 재능을 주셨고, 이를 최대한 개발하여 사회 전반에서 하나님 나라를 이루는 것은 중요한 기독교교육의 사명입니다. 따라서 자녀들의 다양한 지능을 개발하고, 다른 사람과 비교에 의한 자기 발견이 아닌 하나님 앞에서 하나님 형상으로서 독특한 자신을 발견하도록 돕는 일은 무엇보다 중요합니다. 한국 교회와 기독학부모는 하나님 나라 일꾼 양성에 관심을 가지고 교육의 목표를 맞추어야 합니다.

3) 한국 교육의 대안에 대한 관심

기독교는 이 세상에 대해 대안을 제시할 수 있어야 합니다. 예수 그리스도의 복음은 우리를 영원한 천국으로 인도할 뿐 아니라 이 땅에서 하나님 나라를 실현하도록 촉구합니다. 오늘날 한국교육은 여전히 아픔과 고통 가운데 있습니다. 누가 한국의 교육 현실에서 진정한 대안을 제시할 수 있을까요? 한국 교회와 기독학부모는 복음으로 교육에 소망이 있음을 선포하고, 교육적 대안을 제시할 수 있어야 합니다. 교육이 고통이 아니라 축복이며, 자녀들이 하나님의 사랑과 공의로 양육되는 것이 얼마나 가치 있는지를 실천을 통해 입증할 필요가 있습니다. 이것은 단순히 한국 교육을 비판하는 것만으로는 불충분합니다. 문제를 지적하는 것에 그치지 않고 기독교교육을 하고자 결심한 우리가 적극적으로 '교육의지'를 실천하는 것이 중요합니다.

4) 한국교회 역사로부터의 관심

한국 개신교 선교 역사는 한국 근대 교육의 역사라고 해도 과언이 아닙니다. 한국에 온 초기 개신교 선교사들은 선교의 방편으로 기독교학교를 설립하여 교육 사업을 전개하였고, 이것이 한국에서 근대식 학교의 시작이 되었습니다. 근대식 학교 설립은 비단 선교사들에 의해서만 이루어진 것은 아니었습니다. 나라를 사랑하는 많은 애국지사들에 의하여 학교가 설립되었으며, 무엇보다 한국의 교회들과 성도들에 의해서 기독교학교들이 많이 설립되었습니다. 기독학부모들이 중심이 된 기독교학교운동은 기독교적 복음에 입각한 교육은 물론 일제의 침략과 식민지 정책에 맞서는 구국운동으로 발전하였습니다. 특히 근대식 초등학교는 조선 교회의 성도들에 의해서 '교회부설 학교'의 형태로 세워졌습니다. 교회가 세워지면 학교도 함께 세워졌으며, 소위 '1교회 1학교의 원칙'을 실천함으로써 단지 전도의 차원을 넘어서 민족 교육의 사명을 교회가 수행한 것입니다. 또한 1907년에 일어난 평양대부흥운동은 기독초등학교 설립운동의 확산에도 크게 공헌하였는데, 부흥운동이 전국적으로 확산되면서 기독초등학교 설립도 전국적으로 확산되었습니다. 우리는 이러한 믿음의 선조들의 기독교교육 정신을 이어받아 기독학부모로서의 사명을 새롭게 감당해야 합니다.

3. 기독학부모의 네 가지 정체성

우리는 기독학부모가 자녀 교육의 주체인 것과 자녀 삶 전반과 학교교육에 대한 기독교적 이해가 필요함을 알았습니다. 기독학부모라는 정체성을 갖고자 결단한 우리에게 필요한 것은 '기독'과 '학부모'의 관계입니다. '기독'과 '학부모'가 어떤 관련성을 맺느냐에 따라 네 가지의 기독학부모에 대한 이해가 있을 수 있습니다.

1) '기독'학부모

온전히 '기독'만 강조되는 '교회봉사형'입니다. 기독교인으로서 충실하게 교회생활을 하지만 학부모로서의 역할에 대해서는 무관심합니다. 교회에 나가 열심히 봉사하고 전도하고 섬긴다는 면에서 훌륭한 기독교인이라 평가받을 수 있으나 학부모로서 자녀 교육에 대한 기독교적 관점을 확립하고 있지 못하고, 학교와 교육 문제에 대해 기본적으로 관심이 없습니다. 신앙이 좋은 것은 교회 봉사를 열심히 하는 것과 동일시 되며, 신앙이 학부모로서의 역할과 연결되지 않습니다.

"저는요, 학교에 가거나 학부모들은 만나면 머리가 아파요. 세상 사람들이랑 섞이는 게 불편해요. 그냥 교회에 와서 전도하고 기도하고 청소하며 신앙생활 하다보면 하나님이 알아서 우리 아이 책임져 주시겠죠?"

2) 기독 '학부모'

'학부모'의 역할은 강조되지만 '기독'이 강조되지 않기에 '세속형'이라고 부를 수 있는 유형입니다. 자녀 교육에 대해 누구보다 관심이 있고, 학교 교육에 대해서도 매우 참여적이며 학교운영위원 등으로 활동할 수 있습니다. 교육의 이슈에 대해 관심이 있어서 신문이나 방송을 접할 때에도 교육과 관련된 기사를 탐독하며 자녀 교육에 열을 올립니다. 그러나 학부모의 역할에 대한 기독교적 이해에는 관심이 없습니다. 물론 교인이라는 이름은 있지만 세속적인 교육관을 가지고 있고, 오히려 세속적인 교육관을 강화하여 자녀를 교육합니다.

"입시는 한국에서 어쩔 수 없는 선택이에요. 대학에 안 나오면 제대로 된 직장을 가질 수 없잖아요. 그러니 부모가 선행학습, 사교육으로 뒷 받침을 해줘야지요. 나중에 대학 못가서 후회하는 것보다 낫잖아요. 고3인데 별스럽게 교회에서 신앙 생활하는 것보다 일단 대학가고 애가 선택해도 나쁘지 않다고 봐요."

3) '기독' '학부모'

'기독'도 강조되고 '학부모'도 강조되지만 이 둘 사이가 연결되어 있지 않은 '분리형'입니다. 교회에서 신앙생활도, 봉사도 최선을 다하며 자녀의 학교에서도 학부모로서, 가정에서도 자녀 교육에 관심을 갖는 성실한 부모 역할을 감당합니다. 그러나 무엇이 기독교적 자녀 교육인지, 기독교적인 학부모로서의 정체성과 역할이 무엇인지 알지 못합니다. 열심히 신앙생활하면서 동시에 열심히 자녀 교육을 하는데 이 둘을 연결시키는데 실패하고 있습니다. 즉, 이런 부모는 기독교인이면서 학부모이지 진정한 의미에서 기독학부모라고는 할 수 없는 유형입니다.

"우리 아이가 신앙은 당연히 좋아야 하고 공부도 잘해서 SKY정도는 가면 좋겠어요. 일단 상위권 대학에 들어가면 그게 하나님께 영광 돌리는거라고 생각해요. 그래서 저는 새벽기도 후에 맘카페에 늘 들어가서 입시정보를 얻는답니다."

4) '기독학부모'

'기독'이 학부모에 스며있고, '학부모'가 기독 안에서 비로소 그 분명한 의미를 발견하는 '통합형'으로 우리가 추구해야 할 유형입니다. 신앙이 성숙할수록 그만큼 신앙적인 학부모가 되어 가고, 교육에 대해 기독교적인 이해와 실천의 깊이가 더해 갑니다. 학부모로서의 역할의 중요성을 깨달을수록 더 기도하고 '하나님이 기뻐하시는 학부모'가 어떤 모습인지를 생각합니다. 많은 부모들이 자녀 교육을 위하여 하는 활동들을 모방하거나 따라하는 것이 아니라 기독교적인 관점과 성경적인 신앙고백에 기초하여 결정하고 행동합니다. 신앙과 삶이 이원론적으로 분리되는 것이 아니라 통합되고, 교육에 대한 하나님의 뜻을 분별하며 실천합니다.

"주님이 맡기신 아이를 최선을 다해서 양육하지만 제 부족함 때문에 기도할 수밖에 없어요. 아이가 주님 앞에서 소명을 깨닫고 은사를 발견할 수 있도록 돕는 부모이고 싶어요. 또 배움 가운데 주님을 만나고, 선생님을 존경하며, 친구들과 선한 관계를 맺었으면 해요. 내 아이뿐 아니라 내 자녀의 반 아이들을 품고 기도하고 있어요. 내 아이가 행복하려면 교육이 행복해야 하니까요."

+ 나는 위의 네 가지 '기독학부모'의 유형 중 어디에 해당한다고 생각하나요? 왜 그렇게 생각하는지 말해 봅시다.

+ 네 번째 유형인 '기독학부모'의 정체성을 갖기 위해서 나에게 어떤 변화가 필요하다고 생각합니까?

지도를 따라서

첫 번째 여정을 기억하며 배운 점 또는 느낀 점을 한 줄로 기록해 보세요.

" _____ "

하나님께서 우리에게 '기독학부모'라는 거룩한 이름표를 주셨습니다. 이제 단순히 내 아이를 기독교적으로 잘 키우는 것을 넘어서 '기독학부모'의 정체성을 가지고 이 땅의 아이들과 교육이 회복되기를 기도합시다. 이를 위해 먼저 기독학부모로 교육에 대한 애통함을 가지고 실천적인 삶을 살아가기 위한 기도를 주님께 올려드립시다. 기도는 가장 실천력 있는 부르심에 대한 응답입니다.

21쪽에 기록한 교육의 신음소리를 보고, 이 땅 교육을 향한 기도문을 작성합니다. 애통의 영역과 실천의 영역을 각각 한 문장으로 다듬어서 조별로 모아 하나의 기도문을 만듭니다. 작성을 마친 후 조별로 기도문을 돌아가며 읽고 다함께 "예수님의 이름으로 기도합니다. 아멘."으로 마칩니다.

※ 영역별 항목을 적고, 그 항목에 맞춰 기도문을 작성해 보세요.
예시)
애통 영역 : 교사, 집단 따돌림, 학교 폭력
애통 기도 : 주님, 예수님의 마음으로 학생들을 사랑과 관심으로 돌보는 교사들을 세워 주시고, 교사들이 소명감을 가지고 성실하게 역할을 감당하도록 건강과 지혜를 더하여 주세요. 교사들을 위해 기도하는 제가 되겠습니다.
실천 영역 : 교사들을 격려하고 그들과 동역자 되기, 내 자녀의 친구들도 소중히 여기기
실천 기도 : 교사들을 불편해하고 불평했던 마음을 버리고 동역자 된 마음으로 격려하며, 학급 일에 관심을 가지고 참여하겠습니다. 그리고 '내 자녀'만이 아니라 하나님의 모든 자녀를 소중히 여기는 마음으로 자녀의 친구들을 격려하겠습니다.

기독학부모로서의 정체성을 잊지 않기 위해 '나는 기독학부모입니다'의 정체성 고백 사진을 핸드폰 배경화면으로 설정해 보세요. 그리고 핸드폰을 사용할 때마다 마음으로 고백하며, 정체성을 다지고 왜곡된 교육의 시류에 휩쓸리지 않도록 결심합시다. (※ QR코드를 통해 핸드폰 배경화면을 다운받을 수 있습니다.)

기독학부모의 기도문

　사랑의 하나님, 죄인되었던 저희를 하나님의 은혜로 새 생명을 주시고 기독학부모로 불러주심에 감사를 드립니다.

　주님, 하나님 사랑을 경험한 기독학부모로서 이 땅 교육의 고통을 보며 중보합니다. 여전히 만연한 학교 폭력, 입시로 인한 스트레스, 꺼지지 않는 사교육 열풍, 부모의 불안을 여전히 자극하는 사회의 흐름들을 봅니다. 아이도 부모도 모두 교육의 굴레 속에서 자유롭지 못한 현실에서 우리의 주인되신 주님을 바라봅니다. 기독학부모인 제가 이 아픔을 외면하지 않고 주의 길로 돌아설 수 있는 성령의 지혜와 분별력, 믿음을 주옵소서.

　하나님께서 자녀 양육의 책임자, 청지기로 우리를 부르셨으니 자녀에 대한 하나님의 뜻을 구할 뿐 아니라 교육을 향한 하나님의 뜻을 구하는 기독학부모가 되게 하소서. 기도로만 멈추지 않고 실천할 수 있는 용기와 믿음 또한 허락해 주옵소서. 그리하여 이 땅이 교육의 고통에서 벗어나 부모, 자녀들이 주님 주신 평안한 마음을 회복하게 하옵소서. 예수님의 이름으로 기도합니다. 아멘.

자신의 기도문을 적어보세요.

2

두 번째 여정,

기독학부모의
교육보기

"너희는 이 세대를 본받지 말고" (롬12:1-2)

여행길에 오르며

이웃집 자녀가 좋은 성적을 받고, 좋은 대학을 입학하고, 좋은 직장에 다니면

'자식 잘 키웠다'라고 말하며 부러워합니다.

우리가 무심결에 칭찬하고 부러워하는 이 문장 안에는 어떤 마음이 들어있나요?

우리가 하는 말과 행동은 우리가 갖고 있는 가치관을 전제로 합니다.

그리고 그 가치관은 세계관에서부터 나옵니다.

우리가 갖고 있는 세계관은 '기독교적'인가요, '비기독교적'인가요?

+ 다음에 제시된 문장의 뒷부분을 채워보세요. 떠오르는 생각과 솔직한 마음을 표현하여 문장을
  완성해 보십시오.

1. 경쟁은 _____

2. 성공한 인생이란 _____

3. 우리 아이가 행복하려면 _____

+ 위에서 완성된 문장을 가지고 조원들과 함께 대화한 후, 인상 깊은 대답을 아래에 적어보세요.

함께 나눈 문장 속에는 어떤 기대와 바람이 담겨져 있나요? 경쟁은 필요악이라고 생각하고 자녀를 경쟁 사회에 넣어 비교하며 우위를 차지하는 삶은 어쩔 수 없는 것이라고 생각하지는 않나요? 성공한 인생에 대한 정의 속에는 어떤 경험과 가치가 담겨져 있나요? 문장 채우기를 통해서 우리가 내뱉는 말들 속에 가치가 전제되어 있고, 그 가치는 각자의 세계관을 통해 만들어진다는 것을 알게 되었습니다.

기독교인이라고 말하지만 실상 수십 년의 경험과 지식들이 세속적 가치관에 근거해서 교육받은 우리가 기독교적 가치와 세계관을 가지고 살아간다는 것이 쉽지만은 않습니다. 특히나 유교 문화권에 속하는 한국에서는 기독교인들도 남들의 시선을 의식하고 체면을 따지며 살아갑니다. 무심결에 자녀에게 던지는 말들 속에는 기독교 세계관이 담겨 있기 보다는 비교하고, 경쟁하여 우위를 차지하는 삶을 추구하는 세계관이 담겨있기

도 하고, 물질만능주의에 대한 로망이 담겨있기도 합니다.

자녀가 대부분의 시간을 보내고 있는 학교에서 그리고 한국의 사회에서 어떤 세계관에 근거한 소리를 듣는지, 그 소리들이 자녀의 삶에 어떤 영향을 미치는지 함께 나누고 그 길 위에서 분별해야 하는 하나님의 음성을 찾아봅시다.

잘못 들어선 길

1. 세속적 세계관에 사로잡힌 부모와 아이들

학원을 홍보하는 문구들입니다. 아래의 문구들은 어떤 가치를 내포한 말들일까요? 홍보 문구 속에 숨겨진 세계관을 찾아보세요.

+ 아이가 다르면 엄마의 꿈도 다릅니다. "엄마의 꿈, 커리큘럼이 됩니다."
+ 넌 공부할 때가 제일 예뻐.
+ 대치동 아이들의 일반적인 코스를 따라야 합니다.
  "반드시 초4, 5, 6때까지 고1, 2, 3 영어를, 수능 외국어를 끝내야 합니다."
+ 예비 중 1 수학경시대회!
  "초6 학생들의 현재 수학 실력을 점검해 볼 수 있는 최고의 기회입니다."
+ 반가워! 예비 초5 / 초6
  "중학 스타트를 어떻게 하느냐에 따라 대학까지 바뀝니다."

자녀의 입시를 위해서는 미리 선행을 하는 것이 당연하다는 말, 그 준비를 자녀가 스스로 하는 것이 아닌 부모 주도적으로 해야 한다는 말, 적기교육은 이미 늦었다는 말 등은 이미 우리가 꾸준히 주변에서 들어온 이야기입니다. 자극적인 말이든 위로하는 말이든 사실 그 말들 속에는 입시지상주의, 성공신화, 경쟁주의 등과 같은 가치가 깔려있습니다. 이런 말들이 팽배한 교육환경에서 자란 아이들은 바른 가치관을 배울 수도 없고, 공부하는 즐거움이나 학창시절의 행복한 추억을 갖기도 쉽지 않습니다.

그러나 이것은 비단 아이들만의 문제는 아닙니다. 부모들인 우리 역시 세속적 가치관의 지배를 받고 살아갑니다. 기독교학교교육연구소에서는 일반 학부모와 교회 다니는 학부모들의 입시관을 설문조사하여, 비교한 적이 있습니다. 설문결과 교회 다니는 학부모는 일반 학부모들과 자녀교육의 목표, 진로결정 등 교육적 가치관에서 크게 차이가 나타나지 않았습니다. 그러나 자녀교육의 목적에서 종교적 가치를 더 우선하는 점, 자녀의 희망교육수준(최종학력)을 묻는 질문에서는 교회 다니는 학부모가 더 고학력을 추구하는 점에서 차이를 나타냈습니다. 김창환 박사는 이 연구결과를 통해 교회에 다니는 학부모들이 자녀의 교육을 이해하는데 세속적인 가치관과 종교적 가치관의 영향을 모두 받고 있다는 것을 알 수 있다고 평가하였습니다.

우리의 신앙과 삶을 다르게 만들고 있는 것은 무엇인가요? 우리의 귀를 사로잡고 있는 것은 하나님의 말씀입니까, 아니면 경쟁에 사로잡힌 세상의 온갖 소리입니까? 우리는 하나님의 시선으로 자녀를 바라보고 있습니까? 아니면 세상에 길들여진 성공의 시선으로 자녀를 바라보고 있습니까? 우리의 삶을 이끌어가는 힘은 무엇인지 다시 한 번 성찰해보길 원합니다.

2. 사람에 대한 존중을 잃게 하는 왜곡된 인간관

'금수저', '은수저', '흙수저' 등 자신이 태어날 때부터 계급을 짓고 외모나 학력, 경제적 지위와 집안 배경으로 사람을 평가하는 시대가 되었습니다. 자녀들도 공부의 이유나 목적을 고민하기 보다는 돈이 되는 직업이 무엇인지에 대해 더 관심을 갖습니다.

'한국 어린이·청소년 행복지수'에 따르면 행복을 위해 필요한 것이 무엇이냐는 질문에 초등학생은 대부분 '가족', '친구'와 같은 관계적 가치를 높게 응답한 반면 학교급이 올라갈수록 '돈과 성적'과 같은 물질적 가치가 행복을 위해 필요하다고 답하였습니다. 친구보다는 성적이 중요하고, 사람보다는 돈이 중요한 세상이 되는 것은 아닌지 걱정이 되는 시대입니다.

아이들의 가치관은 그냥 형성된 것이 아닙니다. 우리 사회와 어른들, 특히 부모와 가정에서 무의식적으로 말하는 가치관들이 자녀에게 그대로 반영된 것임을 부인할 수 없습니다. 아이들이 문제라고 지적하기 전에 우리 스스로를 돌아보아야 합니다. 나의 말과 태도에서 사람을 무시한 적은 없었는지, 돈이나 명예, 배경을 중요하게 여기고 있지는 않았는지, 공부를 잘해서 좋은 성적을 받을 때만 칭찬하고 기뻐하지는 않았는지 말입니다.

처음 아이가 태어났을 때 우리는 생명 그 자체로 기뻐했습니다. '건강하게만 자라다오'라고 기도하며 감사한 마음으로 태어난 자녀를 안았습니다. 그러나 자녀가 성장하면서 걸음마부터 비교하고, 불안해하며 자녀가 성장하는 고유한 속도를 재촉하지는 않았나요? 하나씩 늘어나는 욕심에 점차 아이에 대한 사랑은 무조건적인 사랑이 아니라 조건적인 사랑으로 변하지는 않았는지 우리 스스로를 돌아보아야 합니다.

가정에서 부모의 사소한 말과 태도가 자녀의 삶의 가치와 방향성에 영향을 주고 세계관을 형성시킵니다. 부모인 우리의 가치관이 예수님을 따르는 것인지 세상의 성공과 부를 좇는 것인지 성찰해야 합니다. 예수님께서는 어느 한 사람도 홀대하신 적이 없습니다. 오히려 흔히 우리가 말하는 '흙수저'를 더 환대하고 존중하며 안아주셨고, 그 안에 있는 가능성을 보셨던 분이십니다. 나는 예수님의 관점으로 자녀를 바라보고 있나요? 아니면 세상의 기준으로 자녀를 바라보고 있나요?

3. 배움의 기쁨을 잃게 만드는 왜곡된 지식관

우리 사회의 지배적인 지식관은 우리에게 엄청난 영향을 끼치고 있습니다. 어떤 지식관을 가지고 있느냐에 따라 교육의 모습도 많이 달라집니다. 아래 두 문장을 통해 우리는 1900년대 서구 지배적인 지식관을 엿볼 수 있습니다. 이 문장들은 어떤 의미를 담고 있는지 생각해 봅니다.

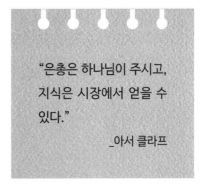

"아는 것이 힘이다"라는 명제는 지식의 지배성을 나타내는 문장입니다. 더 많은 지식을 가진 자가 더 많은 힘을 가진다는 것을 말합니다. 고학력과 상위권 대학 진학, 고소득 전문 직업군 취업이 삶을 더 행복하게 만든다고 말합니다. 바로 이러한 상위 지식 습득 행복론은 우리나라 교육을 왜곡시키는 중요한 원인이 되고 있습니다.

파커 팔머는 「가르침과 배움의 영성」에서 "호기심과 지배욕"에서 발원한 지식에 대해 말하며, 그것이 가지는 부정적인 의미에 대해 이야기합니다. "호기심과 지배욕"에서 발원한 지식은 많이 가지면 가질수록 다른 사람을 누르고 통제하며 착취하는 삶을 살아가게 됩니다. 우리가 어린 시절부터 공부의 동기부여를 위해 듣고, 많이 하고 있는 말 "배워서 남주냐?"라는 말이 이와 같은 가치관의 대표적인 말이라고 할 수 있습니다.

"은총은 하나님이 주시고, 지식은 시장에서 얻을 수 있다"는 명제는 이원론적 지식관을 대표하는 문장입니다. 신앙과 지식은 별개의 것이기에 학교에서 배우는 국·영·수와 같은 지식은 하나님과 상관없는 지식이라는 입장입니다.

더 많은 지식을 가진 사람이 누군가를 지배할 수 있고, 학교에서 배운 지식은 신앙과 전혀 상관없다는 세계관에 근거한 학교교육을 받는 자녀들, 하루의 대부분의 시간을 이런 세계관에 근거한 소리를 듣고 있는 자녀들은 어떤 세계관을 가진 자녀로 성장할까요?

Ⅰ. 세상과 구별된 기독교 세계관으로

로마서 12장 1-2절 말씀을 함께 읽고, 기독학부모인 나에게 말씀하시는 하나님의 음성에 귀 기울여 보세요.

1 그러므로 형제들아 내가 하나님의 모든 자비하심으로 너희를 권하노니 너희 몸을 하나님이 기뻐하시는 거룩한 산 제물로 드리라 이는 너희가 드릴 영적 예배니라
2 너희는 이 세대를 본받지 말고 오직 마음을 새롭게 함으로 변화를 받아 하나님의 선하시고 기뻐하시고 온전하신 뜻이 무엇인지 분별하도록 하라

+ 기독학부모로 자녀를 양육하면서 내가 듣고 있는 세상의 소리는 무엇인가요? 하나님의 지혜로 분별한 말로 바꾼다면 어떻게 바꿀 수 있을까요?

로마서 12장에서는 우리의 마음과 몸을 드려서 하나님이 기뻐하시는 삶을 살아갈 것을 명령합니다. 주일에 한 번 드리는 예배만이 우리가 지켜야 할 본분이 아닙니다. 매일

의 삶이 예배가 되어야 합니다.

"너희는 이 세대를 본받지 말아라", "너희는 날마다 하나님의 뜻으로 마음을 새롭게 함으로 너희의 마음을 지켜라" 우리는 날마다 이 말씀을 기억하고 행함으로 하나님의 선하시고 기뻐하시고 온전하신 뜻을 분별하는 삶을 살아야 합니다. 그래야 끊임없이 우리를 흔드는 세속적 가치관으로부터 우리의 마음과 생각을 지킬 수 있습니다.

세계관은 세상을 보는 관점을 의미합니다. 그래서 종종 세계관을 '안경'에 비유합니다. 빨간 안경을 쓰면 세상이 빨갛게 보이고, 파란 안경을 쓰면 세상이 파랗게 보이는 것처럼 우리는 우리가 지닌 관점으로 세상을 바라봅니다. 그리스도인은 그리스도라는 안경으로, 성경이라는 안경으로 세상을 바라봅니다. 그래서 신국원 교수는 기독교 세계관에 대해 말하며 성경은 look at의 책이 아닌 look through의 책이라고 표현합니다. 결국 그리스도인이란 성경을 통해 세상을 보는 기독교 세계관을 지닌 사람이라고 할 수 있습니다. 따라서 기독학부모는 기독교 세계관으로 자녀를 보고 교육을 보고 세상을 바라보아야 합니다.

누가 철학과 헛된 속임수로 너희를 사로잡을까 주의하라 이것은 사람의 전통과 세상의 초등학문을 따름이요 그리스도를 따름이 아니니라 _골로새서 2:8

하나님을 아는 것을 대적하여 높아진 것을 다 무너뜨리고 모든 생각을 사로잡아 그리스도에게 복종하게 하니 _고린도후서 10:5

사도 바울이 권면했듯이 우리는 비기독교 세계관이 우리를 사로잡지(captive) 못하게 하며, 더 나아가 우리 안에 있는 비기독교 세계관을 사로잡아(captive) 기독교 세계관으로 전환하는 삶을 살아야 합니다. 세속적 인간관과 지식관으로 자녀들을 교육했던 잘못과 오류를 성찰하고, 이제는 기독교 세계관에 근거한 삶의 방식이 무엇인지 찾아가면서 어렵더라도 그 길로 나아가기로 결단합시다.

2. 회복된 기독교 인간관을 가진 기독학부모

기독교 인간관을 가진 기독학부모가 자녀를 올바른 시선으로 볼 수 있습니다. 그렇다면 성경이 말하는 인간은 어떤 존재일까요?

제일 먼저 성경은 인간이 하나님의 형상을 지닌 피조물이라 말합니다(창1:26). 하나님의 형상(image)을 가진 존재라는 뜻은 우리가 하나님과 닮은 면을 가지고 태어났다는 것을 의미합니다. 그만큼 인간은 존귀한 존재입니다.

둘째로 성경은 인간이 매우 독특한(unique) 존재라는 점을 말합니다. 하나님은 똑같은 인간을 만드신 적이 없습니다. 쌍둥이라도 각각 독특한 면이 있습니다(롬12:6). 그리고 그 독특한 개개인을 향한 하나님의 계획과 부르심이 존재합니다.

인간이 하나님의 형상을 가진 존재이며 매우 독특하게 지음받았다는 것은 각 사람을 바라볼 때 그의 '외모'가 아니라 '중심'을, '현재'가 아니라 '장차'를 바라봐야 한다는 것을 의미합니다. 예수님은 베드로를 처음 만나실 때 아직 어부에 지나지 않았던 베드로를 향해 "네가 요한의 아들 시몬이니 장차 게바라 하리라"고 선포합니다(요1:42). 우리는 이런 예수님의 관점으로 자녀를 바라보아야 합니다.

셋째로 성경은 우리 인간이 죄로 인해 심각하게 타락한 존재라는 것을 말해줍니다(롬3:23). 이 점은 인간의 한계를 분명하게 보여 주는 부분이라고 할 수 있습니다. 인간의 선함과 가능성에만 주목하는 것은 기독교적인 접근이 아닙니다. 자녀도 기독학부모인 우리도 모두 죄인이기에 한계가 있고 은혜가 필요한 존재임을 인정해야 합니다.

마지막으로 성경은 예수 그리스도로 인해 회복된 존재로서의 인간을 이야기합니다. 우리는 모두 예수 그리스도의 피 값을 주고 산 존재입니다. 그 피로 말미암아 하나님과 인간의 깨어진 관계성이 회복되며 그로 인해 인간과 인간의 관계, 인간과 자연의 관계가 회복되는 것을 말합니다(엡2:11-22). 이러한 기독교 인간관 토대 위에 기독학부모인 우리 자신과 자녀를 바라보아야 제대로 된 시선으로 볼 수 있습니다.

3. 기독교적 지식관으로 배우는 공부

기독교 세계관으로 지식을 바라본다는 것은 어떤 것을 의미할까요? 기독교교육에서 말하는 앎은 '관계적'이며 '책임지려는 특성'을 가지고 있습니다.

잠언 기자는 "여호와를 경외하는 것이 지식의 근본(잠1:7)"이라고 했습니다. 여기서 지식이란 우리가 통상 이야기하는 지식(단순한 객관적인 정보)이 아닙니다. '여호와를 경외하는 삶' 가운데 하나님을 제대로 알게 된다는 말씀입니다.

하나님을 온전히 안다는 것은 분절된 지식들로 이루어지는 것이 아니라 관계성 안에서 더 알고자 하는 열정과 책임지고자 하는 헌신으로 나타나는 것입니다. 아더 홈즈는 "모든 진리는 하나님의 진리이다"라고 말하며, 지식은 서로 단절되어 있는 것이 아니라 진리 안에서 관계되어 진다고 말하고 있습니다. 신앙과 지식이 별개이며 분리되어 있다고 말하는 지식관과 상반되는 입장입니다.

파커 팔머 역시 앎을 사랑하는 과정으로 보았습니다. 그는 안다는 것은 사랑한다는 것이라고 말하며, 앎의 과정을 다른 사람을 섬기고 사랑하며 책임지는 것으로 보았습니다. 진짜 앎은 사랑으로 이어지게 되고, 사랑한다면 책임과 헌신을 불러일으키게 됩니다. 더 많은 힘을 가지기 위해 누군가를 지배하기 위해 습득하는 지식이 아닌 사랑하기 위한 앎이 기독교에서 말하는 앎입니다.

우리 아이들 역시 지식을 배우고 공부하는 시간이 더 많은 사랑과 더 많은 책임과 더 많은 헌신을 갖게 되는 시간이 되어야 합니다. 이 세상에 대한 지식을 배우는 것은 이 세상을 창조하신 하나님에 대해 배우고 알아가는 시간입니다. 이 세상을 창조하신 하나님의 마음을 알지 않은 채 세상의 지식을 깨닫는 것은 쉬운 일이 아닙니다. 하나님의 마음으로 이 세상의 지식을 만나고 공부할 때 얻어지는 앎은 나 혼자 잘 먹고 잘 살기 위한 이기적인 앎이 아니라 나와 다른 사람과 세상을 살리는 앎입니다.

따라서 기독학부모는 자녀가 기독교 세계관 위에서 공부할 수 있도록 끊임없이 도전을 주고 질문을 던지며 하나님의 관점으로 해석해주어야 합니다. 반 부르멜른은 「기독교적 교육과정 디딤돌」에서 지식은 진리의 궁극적 근원이신 하나님을 지향하며, 피조된 세계에 나타난 하나님의 자기 계시^(일반 계시)와 성경에 나타난 하나님의 자기 계시^(특별 계시)를 포함한다고 말합니다. 다시 말해 세상에 대한 우리의 지식에는 하나님의 진리의 파편이 들어 있다는 것입니다. 그러므로 배움의 과정 위에 있는 우리 아이들은 교육과정을 통해 하나님의 창조세계에 대해, 그리고 인간이 그것을 어떻게 펼쳐 보였는지에 대해 배우면서 하나님을 알아가며 하나님께 반응해야 합니다.

tip7 자녀가 학교 교육과정을 통해 하나님의 진리를 발견하기 원하지만, 모든 기독학부모가 교과나 교육과정의 전문가가 아니기에 그 과정을 인도하기란 쉽지 않습니다. QR코드를 통해 각 교과목 속에서 하나님의 진리를 발견하기를 바라는 기도문을 읽고, 기독교 세계관으로 학업을 바라보는 첫 걸음을 시작해보세요.

지도를 따라서

두 번째 여정을 기억하며 배운 점 또는 느낀 점을 한 줄로 기록해 보세요.

"   "
_____

① 일주일 동안 자녀에게 가장 많이 사용한 말은 무엇인가요?

" "
....

② 그 문장 안에 담긴 세계관은 무엇인가요?

" "
....

③ 위의 문장을 기독교 세계관이 담긴 말로 바꾸면 어떤 말이 될 수 있나요?
   아래에 적어보고, 일주일 동안 자녀에게 해주세요.

" "
....

'각 교과목에서 하나님의 진리를 발견하기 위한 기도'를 가지고 일주일 동안 기도해보세요. 기독학부모로서 기도하고, 자녀에게 선물해 주세요. 기독교 세계관으로 자녀가 학업을 볼 수 있도록 돕는 계기가 될 것입니다.

기독학부모의 기도문

살아계신 하나님 아버지, 부모의 손에 벗어나 학교에서 더 큰 세상을 만나고 있는 자녀를 위하여 기도합니다. 새로운 세계에서 공부를 통해, 친구들 간의 만남을 통해 하나님 앞에서 고유하고 독립된 한 사람으로 자라나게 하시니 감사합니다.

주님, 혹여나 제가 가진 그릇된 세계관으로 자녀를 이끌고, 잘못된 눈으로 세상을 보도록 하는 것은 아닌지 두려움이 앞설 때가 있습니다. 주님, 세상을 보며 호기심 가득한 질문을 던지고, 세상을 경험하며 사는 우리의 자녀가 그리스도인으로서 바른 기독교 세계관을 갖게 하여 주옵소서. 특별히 학업 가운데서 진리되신 하나님을 발견하고 주님께 더 가까이가는 은혜를 누리게 하옵소서. 그것을 위해 우리 부부가 먼저 바른 기독교 세계관을 갖기를 원합니다. 자녀의 삶에서 생기는 모든 어려움들을 자녀와 함께 기도로 해결하는 부모가 되게 하시고, 성경 안에서 하나님의 답을 구하는 가족이 되게 하여 주옵소서. 그리하여 우리 부부와 자녀 안에 하나님의 생각이 가득하게 하여 주시옵소서. 예수님의 이름으로 기도합니다. 아멘.

자신의 기도문을 적어보세요.

3

세 번째 여정,

기독학부모의
자녀 이해

"우리가 그에게 어떻게 행하오리이까" (삿13:12)

여행길에 오르며

기독학부모로서 나는 자녀를 온전히 이해하기 위해 어떤 노력을 하고 있습니까?

아직도 나는 내 중심적으로 자녀를 이해하고 있지는 않나요?

그렇다면 온전히 자녀를 이해한다는 것은 무엇을 의미하며,

기독학부모로서 우리는 자녀를 온전히 이해하기 위해 어떤 노력을 해야 할까요?

아래의 두 장면을 읽고, 다음 질문에 답하여 봅시다.

#1 예찬이네 집

예찬이는 핸드폰을 꺼놓았다. 학교를 마치고 학원에 갈 시간임에도 불구하고 아직 도착하지 않았다고 전화가 왔다. 도착하면 연락을 달라고 학원에 메모를 남겨 놓았다. 대체 무슨 일이지?

얼마 지나지 않아 예찬이가 학원에 도착했다는 연락을 받았다. 다행이다. 그런데 시간을 보니 30분이나 늦었군. 수학 진도가 얼마나 중요한데…. 얼마 전 친구들과 어울려 PC방 가느라 학원을 빠진 적이 있었다. 나쁜 버릇이 든 게 분명하다.

"띠띠띠, 띠띠." 예찬이가 왔다.

예찬 : 다녀왔습니다.

엄마 : 김예찬! 지금이 몇 시야? 너 오늘 왜 학원 지각했어? 30분이나 늦었던데…! 너 또 PC방 갔다 왔지?

예찬 : 휴….

엄마 : 엄마가 물어보는데, 왜 대답이 없어?

예찬 : 무슨 일이 있었어요. 그냥 엄마는 신경 쓰지 마세요.

엄마 : 신경 쓰지 마? 엄마한테 말버릇이 그게 뭐야?
여보! 당신이 예찬이와 이야기 좀 해보세요. 나한테는 말을 안 하네요.

아빠 : 김. 예. 찬! 이리 와 봐! 무슨 일이야?

예찬 : 휴…. 별 일 아니에요.

아빠 : 별 일 아닌데, 학원을 늦은 것도 모자라 이 시간에 들어와?
너 요즘, 공부는 열심히 하고 있는 거야?
너 이제 더 이상 한가롭게 놀 때가 아니야. 조금만 밍기적거리면 뒤쳐진다고!
잔소리라 생각하지 말아라. 아빠가 다 사회생활하면서 느낀 게 있어서 너한테 하는 말이야. 지금부터 열심히 안하면 나중에 못 따라가니까 그러는 거야.
잘 하진 못해도 나중에 하고 싶을 때 따라갈 수 있도록 적어도 중간은 되야 할게 아니냐. 이렇게 공부할 수 있는 것도 감사한 거야~ 공부하고 싶어도 못하는 애들도 있다.

예찬 : (혼잣말로) 또 공부, 공부 얘기….

아빠 : 아니, 아빠가 이렇게 진지하게 조언하는데 이 태도는 뭐냐?
너 지난 번 학원에서 시험 본 거 가져와 봐! 성적 보면서 이야기 하자!

#2 예찬이 가족과 담임 선생님 인터뷰

예찬 : 내 이야기는 들어보지도 않고, PC방 갔다 온 거냐고 의심하는 엄마에게 아무 이
야기도 하고 싶지 않았어요. 학교에서 민수랑 싸워서 혼난 걸 아시면 분명 더 화
내실 거예요. 민수가 규민이를 계속 괴롭히는 걸 보고만 있을 수 없었어요. 뭐, 제
가 이런 걸 이야기 해도 어차피 이해 못 하실 거니까… 그냥 말씀 안 드리는 게 나
아요.
결국 아빠한테 공부 잔소리만 듣고… 아빠는 요즘 제 공부에만 관심이 있나 봐
요. 전에는 안 그러셨는데…. 요즘에는 부모님이랑 무슨 이야기를 해도, 결국 지
금이 중요한 때니 공부에 더 신경 쓰라는 이야기로 끝나요.

엄마 : 지금이 얼마나 중요한 시기인데, 또 예찬이 학원비로 들이는 돈이 얼마인데… 애
가 도통 공부에 신경을 안 쓰니 불안해요. 요즘 학원은 진도가 빨리 나가기 때문
에 조금만 빠져도 손해가 크거든요. 그나저나 무슨 일로 늦은 걸까요? 학교에서
무슨 일이 있었나? 선생님께 먼저 전화해서 여쭈어 보자니, 별 일 아닌 걸로 전화
하는 극성 엄마처럼 보일까봐 좀 그렇고…. 제가 전화하면 선생님이 부담스러워
하실까요?

아빠 : 예찬이가 사춘기인가 봅니다. 요즘 도통 말하려 하지 않고, 제가 무슨 말만 하면
잔소리로 듣습니다. 다 예찬이 좋으라고 하는 소리인데 말이지요. 예찬이가 그냥
방문닫고 들어가고 아빠랑 대화하려고 안하니, 저도 다가가는 게 좀 어색해졌습
니다. 아내가 같이 밥이라도 먹고, 대화 좀 해보라고 하는데 일이 바쁜 걸 어떻게
합니까? 저라고 가족과 시간을 안 보내고 싶겠습니까? 현실이 이런 걸요. 예찬
이가 좀 크면 이해해 주겠지요 뭐.

담임 선생님 : 네, 오늘 예찬이가 민수라는 친구와 싸워서 혼났습니다. 요즘 아이들끼리
부딪히면 워낙 절차가 복잡해져서 이런 작은 다툼을 일일이 부모님들께 말해야
하는지 고민이 되요. 가끔 오해하는 분들도 계시고, 먼저 전화가 안 오시는 것으
로 봐서 잘 해결된 게 아닌가 싶어요. 다음에 기회 되면 말씀 드리면 되겠지요.

+ 장면 1, 2를 읽으며 예찬이 가족에게서 어떤 문제점을 발견하였나요? 비슷한 일이 우리 가정에서 일어나고 있지는 않나요? 어떤 상황이었는지 구체적으로 적어봅시다.

예찬이 가정에서 일어난 일은 우리 주변에서 쉽게 볼 수 있는 일입니다. 예찬이는 특별한 연락도 없이 학원에 늦었고 예전에 PC방에 가느라고 학원에 빠진 일도 있었으니, 엄마가 의심하는 것은 당연합니다. 더구나 최근에 수학 성적이 떨어지고, 공부에 흥미를 보이지 않으니 더 걱정이 되었을 것입니다. 그런데 예찬이의 입장은 어땠을까요? 예찬이는 학교에서 괴롭힘을 당하는 친구를 돕다가 도리어 선생님께 혼났다고 말합니다. 분명 예찬이는 이 일로 고민이 생겼을 것입니다. '다음에 똑같은 상황이 벌어지면 어떻게 해야 하지? 못 본 척 해야 하나? 내가 불이익을 받아도 또 싸우는 게 옳을까? 예수님을 믿는 나는 어떻게 해야 하지?' 예찬이 혼자 생각해 결론을 내리기는 어려운 문제였을 것입니다. 어쩌면 부모님께 한 번 여쭤볼까 생각하며 집에 들어왔을지도 모릅니다. 그런데 집에 들어서자마자 엄마가 예찬이를 몰아세웁니다. 엄마는 예찬이에게 말할 기회를 주지 않고, 상황을 단정지어 버렸습니다. 분명 예찬이는 기분 상했을 것입니다. 자신의 고민을 털어놓을 생각도 전부 사라졌을 것입니다. 결국 예찬이와 부모님은 서로를 이해할 기회를 잃었고, 대화 주제는 사건과 전혀 관련 없는 공부 이야기로 넘어갔습니다.

여기서 또 우리가 간과하고 있는 문제가 있습니다. 바로 학교와 교사 간의 관계입니다. 분명 예찬이 문제의 발단은 학교인데, 학교와 교사는 배제된 채 모든 대화가 진행되고 있습니다. 이는 예찬이 교육의 중요한 두 주체인 부모와 교사가 전혀 소통하고 있지 않음을 뜻합니다.

그렇다면 기독학부모로서 우리는 자녀를 어디서부터, 어떻게 이해해야 할까요?

잘못 들어선 길

I. 하나님을 외면한 부모

기독학부모를 둘러싼 세 가지 관계가 있습니다. 바로 하나님, 학교, 자녀입니다. 이 모두는 자녀를 온전히 이해하기 위해 건강하게 관계를 맺어야 하는 것들입니다. 그 가운데 기독학부모가 우선적으로 점검해야 할 관계를 바로 '하나님과의 관계' 입니다. 기독학부모에게 '기독'은 삶의 기초요, 모든 관계의 힘과 뿌리가 되기 때문입니다. 그런데 기독학부모임에도 불구하고 자녀를 이해하고 교육함에 있어 하나님을 외면한 부모들이 있습니다.

아버지나 어머니를 나보다 더 사랑하는 자는 내게 합당하지 아니하고 아들이나 딸을 나보다 더 사랑하는 자도 내게 합당하지 아니하며 _마태복음 10:37

모든 부모는 자녀를 지극히 사랑합니다. 그러나 하나님을 외면한다면, 하나님이 주신 자녀가 또 다른 우상이 되고 맙니다. 하나님은 분명히 마음을 다하고 뜻을 다하고 힘을 다해 '네' 하나님을 사랑하라고 하셨습니다. 또한 자녀를 하나님보다 더 사랑하는 것은 합당하지 않다고도 하셨습니다. 따라서 기독학부모가 무엇보다 하나님을 가장 사랑하며, 하나님을 자녀 양육의 주인으로 모시고 하나님의 원리에 따라 자녀를 사랑하고 교육해야 합니다.

2. 자녀를 외면한 부모

올챙이 뒷다리가 나오는데 45일
병아리가 알 깨고 나오는데 21일
봉숭아 새싹이 돋는데는 일주일
삼각김밥의 유통기한은 하루
배추를 맛있게 절이려면 5시간 35분이 필요하고요.
계란을 삶기 위해서는 12분이 걸립니다.

그렇다면 부모와 자녀가 하루에 평균적으로 대화하는 시간을 얼마나 될까요?

35초!
부모와 자녀의 하루 평균 대화 시간은 35초라고 합니다.

물론 어디까지나 평균 시간이지만 혹시 오늘 하루 자녀에게 건넨 말이
"밥 먹어라", "공부해라", "학교 가야지" 등이 전부이지는 않으셨는지요.
마음을 열고 대화해 주세요. 꼭 안아주세요.

한 방송국 라디오에서 부모와 자녀의 소통을 권고하기 위해 만든 '대화'라는 캠페인입니다. 부인하고 싶지만 우리의 현실을 보여주는 것 같아 씁쓸하기도 합니다. 우리의 현실과 달리 여성가족부의 "아이가 바라는, 부모가 말하는 좋은 부모"라는 설문조사(부모 1,000명 / 초등 4-6학년 635명 대상)에 따르면 부모의 46.4%, 자녀의 23.6%가 '말을 잘 들어주고 대화를 많이 하는 부모'를 가장 좋은 부모로 꼽았습니다. 현실에서 자녀와 대화하는 시간이 짧더라도 사실상 우리의 자녀도 부모도 모두 소통하고 싶어 하고 얼굴을 마주하고 싶어 한다는 것을 알 수 있습니다. 응답한 부모의 31.1%는 좋은 부모가 되기 위해 '아이의 말을 잘 들어주고 대화를 많이 하기'를 실천하고 있다고 답하였습니다. 정말 우리의 바람대로 많은 시간을 자녀와 대화하는데 쏟으며, 이해하기 위해 노력하고 있나요? 서

로 바라기는 하지만 어디서부터 어떻게 해야 할지 몰라 갈팡질팡 하고 있지는 않나요?

그렇다면 우리 아이들은 부모님과 얼마나 대화할까요? 여성가족부에서 조사한 청소년 종합실태조사(2020년 발표)에 따르면 어머니와 주중 매일 1시간 미만으로 대화한다고 하는 응답이 가장 높았고, 아버지의 경우에 하루에 30분 미만 대화한다고 응답하였습니다.

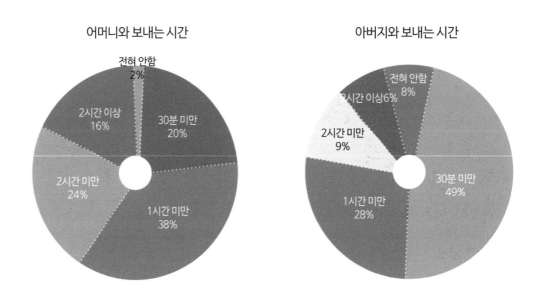

우리 가정에서는 자녀와 어느 정도 대화하고 있나요? 그 대화는 어떤 주제들로 채워져 있나요? 자녀와 부모가 얼굴을 마주하고 대화하지 않고 어떻게 서로를 이해한다고 할 수 있을까요? 지금 혹여 자녀의 목소리는 듣지 않은 채 그들을 이해하고 있다고 생각하고 있지는 않습니까? 교육의 책임을 어머니에게만 돌리고 무관심하고 있지는 않습니까? 자녀의 삶에 마주한 고민이 무엇이든지 간에 부모와 이야기를 나누는 자녀는 자아존중감이 높아지게 되며 삶의 만족도도 높아지게 됩니다.

3. 학교를 외면한 부모

자녀를 이해하는데 주어진 마지막 통로는 학교입니다. 학교는 우리의 자녀가 가정 다음으로 만나는 사회이며, 가장 긴 시간을 보내는 공간이기도 합니다. 자녀의 학교, 학교 생활에 대해 얼마나 알고 있고, 이해하고 있습니까? 학교에서의 자녀 모습에 대해서는 잘 알고 있습니까? 그동안 자녀의 학교선생님과 어떤 관계를 맺고 있었나요?

학교는 지식만을 교육하는 곳이 아니라, 전인교육과 발달이 이루어지는 곳임을 잊지 않아야 합니다. 아이들이 친구들을 만나며 관계를 배우는 사회이기도 하고, 지적인 성장을 독려받는 장이기도 합니다. 기독학부모로서 학교의 본질을 이해하고 관계를 회복하지 못한다면, 자녀는 학교와 그 안에서 일어나는 많은 일에 대한 어떤 이야기도 하지 않을 것입니다. 자녀들이 대부분 시간을 보내고 있는 곳이 학교임에도 불구하고 말입니다.

바른 지도 찾기

1. 하나님의 말씀을 기초로 한 기독학부모

사사기 13장의 마노아는 삼손의 아버지입니다. 아래의 말씀을 잠시 묵상해 봅시다.

8 마노아가 여호와께 기도하여 이르되 주여 구하옵나니 주께서 보내셨던 하나님의 사람을 우리에게 다시 오게 하사 우리가 그 낳을 아이에게 어떻게 행할지를 우리에게 가르치게 하소서 하니

9 하나님이 마노아의 목소리를 들으시니라 여인이 밭에 앉았을 때에 하나님의 사자가 다시 그에게 임하였으나 그의 남편 마노아는 함께 있지 아니한지라

10 여인이 급히 달려가서 그의 남편에게 알리어 이르되 보소서 전일에 내게 오셨던

그 사람이 내게 나타났나이다 하매

11 마노아가 일어나 아내를 따라가서 그 사람에게 이르되 그에게 묻되 당신이 이 여인에게 말씀하신 그 사람이니까 하니 이르되 내가 그로다 하니라

12 마노아가 이르되 이제 당신의 말씀대로 되기를 원하나이다 이 아이를 어떻게 기르며 우리가 그에게 어떻게 행하리이까

+ 하나님은 위의 말씀을 통해 기독학부모가 어떤 태도를 가져야 한다고 말씀하시나요?

나와 다른 자녀를 온전히 이해하는 것은 쉬운 일이 아닙니다. 내 속에서 나왔지만 저 아이가 왜 저러는지 이해 못할 때도 많고, 자녀의 삶에서 만나는 수많은 문제들 앞에 기독학부모로서 어떻게 안내해야할지 막막하기도 합니다.

자녀를 키우는 마노아의 시작은 하나님께 묻는 것이었습니다. "우리가 그에게 어떻게 행하오리이까?"라는 물음은 "당신 말씀대로 되기를 원하나이다"라는 믿음에서 나오는 기도였습니다. 아직 자녀를 낳기도 전부터 자녀의 창조자이시고 주인되신 하나님의 주권을 인정하며, 청지기된 부모로서 하나님의 뜻과 방법을 구합니다. 하나님께 묻고 말씀에 귀 기울이며 행하는 것은 자녀 이해의 시작이며, 기독학부모의 최선입니다.

+ 아이를 이해하기 어려웠던 적이 있나요? 하나님 앞에 그 문제로 나아가면 우리에게 어떤 지혜

2. 자녀를 온전히 마주하는 기독학부모

기독학부모인 우리가 자녀를 온전히 이해하기 위해서는 어떤 노력을 해야 할까요? 자녀의 기질, 성향, 발달단계 등 우리 주변에서 많은 정보들을 제공해 주는 교육들을 참 많이 있습니다. 이런 방법들은 자녀를 이해하는데 큰 도움이 됩니다. 그러나 꼭 이런 것들이 아니더라도 우리는 또 다른 노력들로 자녀를 이해할 수 있습니다.

2 네 아버지와 어머니를 공경하라 이것은 약속이 있는 첫 계명이니

3 이로써 네가 잘 되고 땅에서 장수하리라

4 또 아비들아 너희 자녀를 노엽게 하지 말고 오직 주의 교훈과 훈계로 양육하라

_에베소서 6:2-4

위의 말씀에서는 기독학부모인 우리에게 두 가지 원칙을 제안하고 있습니다. 우리가 자녀를 가르치기 이전에 해야 할 기본 전제는 바로 '자녀를 노엽게 하지 않는 것'입니다. 이것은 자녀를 온전히 이해하는 것을 의미합니다. 자녀의 속도, 성향, 존재 자체를 있는 모습 그대로 인정하는 것입니다. 부모가 '자녀 상'을 만들어 그대로 자라기를 요구하

는 것이 아니라 하나님께서 창조하신 모습 그대로를 인정하고, 그 결대로 자신의 고유한 빛을 내도록 돕는 것이 자녀를 노엽게 하지 않는 것입니다. 그렇게 자녀를 온전히 이해하고 인정할 때 '주의 교훈과 훈계로 양육'할 수 있습니다.

그렇다면 자녀를 온전히 이해하여 주의 교훈과 훈계로 양육하는 기독학부모는 어떤 모습을 가질까요? 부모코칭 프로그램 중 '적극적인 부모역할 훈련'^(Active Parenting Now)에서는 부모역할 유형을 세 가지로 나눌 수 있다고 말합니다.

첫 번째는 '전제형^(독재자)' 부모유형입니다. 이 유형의 부모는 자녀에게 자유는 주지 않고, 끊임없이 한계만 제시합니다. 보상과 처벌을 통제수단으로 사용합니다. 이런 부모 유형 밑에서 자란 자녀들은 진취적이지 못하고 기가 죽어있거나, 부모의 말에 자주 반항한다고 합니다.

두 번째는 '자유방임형^(심부름꾼)' 부모유형입니다. 가정에는 질서와 규율이 없으며, 자녀에게 무제한의 자유를 주어 자녀가 자기 마음대로 하도록 허용합니다. 이런 가정에서 자란 자녀들은 협동심이나 소속감을 느끼지 못하기 때문에 안정감이 적고, 다른 사람과 함께 생활하는데 어려움을 느낍니다.

이 두 유형은 자녀를 노엽게 하고 자녀가 우상이 되어버린 부모의 유형입니다. 에베소서의 말씀과 상반되는 모습을 보입니다. 그렇다면 우리가 지향해야 할 모델은 무엇일까요?

마지막 '민주형^(적극적인 부모)' 부모가 우리가 지향해야 할 부모유형입니다. 이 유형의 부모들은 자녀를 존중합니다. 자녀에게 협동심을 길러주며, 학습을 자극하는 지도자로서의 역할을 감당합니다. 따라서 가정에는 질서가 존재합니다. 부모는 자녀에게 세심한 관심을 보이고 자녀를 인정해주며, 자녀들은 자기 생각과 감정을 공손하게 표현하고 자신의 삶을 주체적으로 꾸려 나갑니다. 기독학부모는 자유 없이 한계만 지어 독재로 군림하거나 자녀의 자유만을 중히 여기고 질서를 세우는 일에 소홀해서는 안됩니다. 기독학부모는 '말씀'의 기준 가운데 자녀를 마음껏 뛰어 놀게 해야 합니다.

또한 자녀를 이해할 수 있는 가장 중요한 도구 중 하나는 '대화'입니다. 대화는 일방통행이 아닌 쌍방통행입니다. 아이와 대화할 때 우리는 어떤 표정, 자세, 속도, 억양 등을 사용하고 있는지 살펴보아야 합니다. "잘한다."라는 말도 억양, 표정 등을 통해 자녀에게 다르게 전달 될 수 있습니다. 대화에 대한 태도가 중요한 이유는 의사소통에 있어 언어보다 비언어적 요소들이 더 중요하게 작용하기 때문입니다. 따라서 자녀와의 대화에 있어 가장 중요한 것은 우리의 태도입니다. 우리는 자녀의 말을 온전히 경청하고 있습니까? 경청^(傾聽)이라는 한자에는 눈, 귀, 마음 등을 뜻하는 한자가 숨어 있습니다. 솔로몬은 하나님 앞에 지혜를 구할 때 "듣는 마음"을 달라^(왕상3:9)고 기도하였습니다. 자녀와의 대화에 앞서 "하나님, 듣는 마음을 주십시오."라고 기도하며 단순한 말을 넘어 온 전심으로 경청하기 위한 자세, 그것이 기독학부모인 우리가 가져야 할 태도입니다.

또한 대화할 때 비교하지 말아야 합니다. 주님은 우리에게 달란트를 맡기시며 충성을 보셨지 다른 누군가와 비교하지 않으셨습니다. 일꾼에게 삶을 주실 때도 먼저 온 자, 나중 온 자를 비교하지 않으셨습니다. 자녀의 존재를 비교하지 마십시오. 비교로 칭찬하고 비교로 혼내는 부모 아래서 자라는 자녀는 하나님께서 자신을 세상에서 유일무이한 존재로 만드셨다는 사실을 깨닫기 어렵습니다.

3. 학교와 함께 가는 기독학부모

마지막으로 학교와의 관계를 통해 자녀를 이해해야 합니다. 자녀가 대부분의 삶의 시간을 보내는 학교와 학교에서의 문화를 이해하는 것은 자녀의 배경과 상황을 이해하는 과정입니다. 우리가 문학작품을 읽을 때 그 당시 시대배경을 참고하고 선교를 갈 때 선교지의 문화와 언어를 배우는 것처럼 자녀의 삶의 대부분의 시간을 보내는 학교의 문화, 또래의 문화를 이해하는 것은 곧 자녀를 알아가는 과정입니다. 자녀와 자녀의 친구들이 어떤 문화를 즐기는지 물어보세요. 그리고 자녀와 함께 그 문화를 경험해 보세요. 그 후에 그 문화가 나쁜 것인지 아니면 다른 것인지 판단하고 자녀와 대화해 보길 권합니다. 문화의 공유는 기독학부모와 자녀의 중요한 매개체가 될 것입니다. 대화의 소재가 될 것이고, 친밀감을 느끼게 될 것입니다. 이 노력이 일시적이지 않다면 이것은 분명 자녀와의 관계에 있어 긍정적으로 영향을 줄 것입니다.

또한 자녀의 학교생활을 책임져 주는 교사와 친밀하게 소통해야 합니다. 교사는 자녀 교육에 있어 우리의 '동역자'입니다. 아직 익숙한 풍토가 아니어서 부모와 교사가 단번에 친밀감을 느끼며 동역자로 서기는 어렵지만, 그럼에도 불구하고 지속적인 노력이 필요합니다. 교사는 우리보다 자녀를 오래 들여다보기도 하고, 다양한 면들을 바라보고 있습니다. 부모가 발견하고 알지 못하는 모습들을 알고 있습니다. 자녀에 대해 열린 마음으로 교사와 대화할 때 우리는 자녀를 온전히 이해할 수 있습니다.

지도를 따라서

세 번째 여정을 기억하며 배운 점 또는 느낀 점을 한 줄로 기록해 보세요.

" "
_____

I. 자녀 이해하기

여러분의 자녀를 소개하는 '소개서'를 써봅시다. 우리가 알고 있는 만큼 보이고, 이해하려고 노력하면 새롭게 보이는 면도 있을 것입니다. 다 기록한 후에는 가정에서 자녀에게 보여주고 함께 이야기 나누며 새롭게 알게 된 점들을 나누어 보세요.

workshop

우리 아이를 소개합니다

이름 :   나이 :

+ 몇 학년 몇 반, 몇 번인가요?

_____

+ 자녀와 친한 친구 3명의 이름을 써 보세요.

_____

+ 자녀가 좋아하는 게임, 또는 연예인(운동선수)이 있으면 써보세요.

_____

+ 자녀의 꿈은 무엇인가요?

_____

+ 자녀가 제일 좋아하는 음식은 무엇인가요?

_____

+ 자녀가 부모에게 가장 듣고 싶은 말은 무엇인가요?

_____

+ 자녀가 부모에게 가장 듣기 싫은 말은 무엇인가요?

_____

2. 기독학부모의 자녀 이해 점검

자녀를 이해하기 위해 기독학부모가 할 수 있는 열 가지 지침입니다. 나는 자녀를 이해하기 위해 얼마나 노력하고 있는지 점검해 봅시다. 아래 문항을 읽고 기독학부모용은 부모가, 자녀용은 자녀가 각각 응답하고 대화를 나누어봅시다.

과 제

+ 기독학부모용

아래 문항들을 읽고 아버지, 어머니가 각각 답해 봅시다. 자신의 모습을 돌아보며 박스 안의 기호로 표시해 보세요.

◎ 매우 잘 하고 있습니다　　　　　　　　　♡ 사랑으로 노력하고 있습니다
☆ 아차! 그동안 생각하지 못했습니다

	기독학부모에게 묻습니다	아버지	어머니
1	나는 자녀 교육의 최고 기준을 말씀으로 둔다.		
2	나는 자녀에게 매일 사랑한다고 이야기한다.		
3	나는 자녀와 매일 30분 이상 대화한다. (학교생활, 친구, 고민 등)		
4	자녀와 대화할 때, 말하기보다는 듣는 편이다.		
5	나는 자녀가 좋아하는 문화에 대해 알고 있다. (예) 연예인, 책, 음악, 게임 등		
6	나는 절대 자녀를 다른 사람과 비교하여 칭찬하거나 혼내지 않는다.		
7	나는 자녀와 갈등 상황이 발생했을 때, 혼내거나 선물을 사주는 것 이외에 화해하는 방안을 가지고 있다.		
8	나는 '자녀가 왜 그랬을까?'라는 물음을 스스로 자주 한다.		
9	나는 자녀에게 명령을 내릴 때 합리적으로 설명을 해 준다.		
10	나는 자녀의 선생님에 대해 고마운 마음을 가지고 있으며, 친밀한 관계를 맺으려 노력한다.		

+ 자녀용

◎ 매우 잘하고 계십니다   ♡ 사랑으로 노력하고 계십니다
☆ 지금까지 느끼지 못했습니다

	자녀에게 질문해요	아빠	엄마
1	나는 부모님의 사랑을 통해 하나님의 사랑을 배웠다.		
2	부모님은 나에게 매일 사랑한다고 이야기한다.		
3	나는 부모님과 매일 30분 이상 대화한다. (학교생활, 친구, 고민 등)		
4	부모님은 내 이야기를 잘 들어주신다.		
5	부모님은 내가 좋아하는 문화에 대해서도 잘 알고 계신다. (예) 연예인, 책, 음악, 게임 등		
6	부모님은 절대 나를 다른 사람과 비교하여 칭찬하거나 혼내지 않으신다		
7	부모님은 나와 갈등 상황에 발생했을 때, 혼내거나 선물을 사주시는 이외에 해결방안을 가지고 있다.		
8	부모님은 내 입장에서 생각해 주시는 편이다.		
9	부모님은 내게 명령을 내릴 때, 이해할 수 있게 설명해주신다.		
10	부모님은 내게 선생님을 존경해야 함을 가르쳐 주시며, 선생님 칭찬을 많이 하신다.		

두 응답을 비교하며 자녀와 함께 아래 질문에 답해 봅시다.

1) 부모와 자녀 모두 매우 잘하고 있다고 생각하는 것은 무엇인가요?

....

2) 앞으로 더 노력해야 하는 것은 무엇인가요? 그 중 한 가지를 정해 꼭 지키기로 자녀와 약속해 보세요.

....

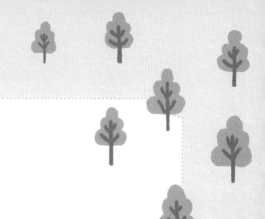

기독학부모의 기도문

하나님, 우리의 참 부모가 되어 주시고 안아주시고 있는 그대로 받아주심에 감사를 드립니다. 하나님의 사랑을 받았음에도 불구하고 저는 자녀를 기다리지 못하였고 제 감정대로 제 권위로 복종시킨 때가 많았음을 고백합니다. 혹여나 자녀가 자기 자신을 이해하지 못한 부모로 인해 상처받았다면 참 부모이신 하나님의 품에 품어 그 상처를 치유하여 주옵소서.

하나님이 만드신 아이 모습 그대로 인정하는 겸손을 허락하여 주옵소서. 비교하지 않겠습니다. 자녀의 결과 속도를 인정하며 사랑하고 기다리겠습니다. 또 전심으로 자녀를 대하며, 경청하는 부모가 되게 하옵소서. 자녀를 둘러싼 문화에 좀 더 관심을 가지고 무작정 꾸짖기보다 함께 경험하고 대화하며 분별의 기준을 잡아주는 부모가 되게 하옵소서.

자녀를 이해하고, 양육할 때 고비가 찾아올 때마다 주인되신 하나님께 여쭙고 주님이 주신 지혜로 양육하는 기독학부모가 되게 하옵소서. 예수님의 이름으로 기도합니다. 아멘.

자신의 기도문을 적어보세요.

4

네 번째 여정,

'여호와 경외'
교육

"평생에 네 하나님 여호와를 경외하며" (신 6:2)

여행길에 오르며

신앙이 좋다는 것은 어떤 의미 일까요? 나는 하나님께서 기뻐하시는 신앙인의 삶을 살고 있습니까?

자녀에게 무엇보다 '여호와 경외'의 신앙을 물려주기 위해 좋은 신앙의 모델이 되고 있습니까?

혹시 신앙교육은 뒷전인 채, 신앙과 삶이 분리되어 자녀에게 혼란과 상처를 주고 있지는 않나요?

+ 기독교 가정에서 자란 경우, 부모님의 신앙은 나에게 어떤 영향을 주었습니까? 비(非)기독교 가정에서 자란 경우, 기독교 가정이 좋아 보였던 부분이 있었다면 어떤 부분이었습니까?

+ 현재 나의 신앙은 자녀에게 어떤 영향을 주고 있습니까?

기독교 가정에서 자랐다고 저절로 신실한 그리스도인이 되는 것은 아닙니다. 기독교 가정에서 자란 사람 중에 오히려 부모의 신앙으로 인해 상처를 받고 힘들어하는 경우를 종종 봅니다. 신앙은 기독교인데, 가치관이나 삶의 태도는 세속적일 때가 많기 때문입니다. 비(非)기독교 가정에서 자란 아이보다 기독교 가정에서 자란 아이가 스트레스를 더 많이 받는다는 말도 있습니다. 공부도 잘 해야 하고 인성도 좋을 뿐 아니라 신앙까지 좋아야 하는 부모의 기대 때문입니다.

나는 어떤 신앙을 가진 부모입니까? 나의 신앙은 자녀의 삶에 어떠한 영향을 미치고 있습니까?

잘못 들어선 길

1. 세상의 중심에서 내 아이를 외치다

우리말에 '눈에 넣어도 아프지 않다'라는 말이 있습니다. 자녀에 대한 부모의 무한한 사랑을 잘 표현해 주는 말입니다. 세상에 자녀를 사랑하지 않는 부모가 어디 있습니까? 세상 모든 부모들은 자녀를 사랑합니다. "보라 자식들은 여호와의 기업이요 태의 열매는 그의 상급이로다"(시 127:3) 성경도 자녀가 얼마나 귀한지 말씀하고 있습니다.

그런데 문제는 자녀가 너무 귀한 나머지 주객전도, 즉 우선순위가 바뀌어 버렸다는 것입니다. 성경은 바른 우선순위에 대해 말합니다. "아버지나 어머니를 나보다 더 사랑하는 자는 내게 합당하지 아니하고 아들이나 딸을 나보다 더 사랑하는 자도 내게 합당하지 아니하며"(마10:37) 자녀가 아무리 귀하다 하더라도 하나님보다 자녀를 더 사랑하는 것은 하나님께 합당하지 않습니다. 부모는 하나님을 중심으로 자녀를 잘 양육하고 바르게 지도할 청지기로서의 책임이 있습니다.

유교적인 문화는 가정의 절대적인 권위를 부모에게 두도록 하고, 잘못된 부성애·모성애는 가정의 우선순위를 자녀에게 두도록 만듭니다. 그러나 기독학부모는 가정의 최고의 권위를 하나님께 두고 말씀을 기준으로 자녀를 양육합니다.

2. 학업은 학원으로, 신앙은 교회학교에서

미국 윌로우크릭교회(Willow Creek Community) 세미나에서 있었던 일입니다. 강의가 시작되고 나서 한 강사가 등장했는데, 한 손에는 꽃 몇 송이를 다른 한 손에는 작은 물뿌리개를 들고 있었습니다. 그는 꽃송이에 물을 뿌리는 시늉을 했습니다. 그리고 이렇게 말했습니다. "현재 주일학교 교육이 이와 같습니다." 꽃이 꽃병에 담겨 있지 않은데 물을 아무리 준다 해도 무슨 소용이 있겠느냐는 뜻의 퍼포먼스였습니다. 여기서 꽃송이는 주일학교 어린 영혼들을 물뿌리개는 교회를 상징했습니다.

많은 부모들이 자녀의 학업을 학원에 맡기듯 자녀의 신앙을 교회에 위탁합니다. 그들은 자녀의 신앙과 관련해서 그 어떤 노력도 기울이지 않으면서 매 주일 자녀를 교회에 보내는 것으로 자신의 할 일을 다 했다고 착각하는 경우가 많습니다. 꽃이 잘 자라려면 물을 담는 꽃병이 필요하듯 우리 아이가 하나님을 경외하는 사람으로 살아가기 위해서는 가정에서의 신앙교육이 무엇보다 중요합니다. 신명기 6장 1-9절을 통해 하나님께서 자녀 신앙교육의 책임을 부모에게 맡기셨음을 알 수 있습니다. 우리는 하나님의 방식으로 부지런히 자녀를 가르쳐야 합니다.

3. 칭찬받는 집사, 소리 지르는 엄마

우리 자녀가 나 때문에 하나님과 더 멀어지는 일은 없습니까? 기독교 가정의 자녀들이 부모로 인해 커다란 상처를 받고 자란 경우를 종종 볼 수 있습니다. 대부분의 원인은 신앙과 분리된 부모의 삶 때문입니다. 교회에서는 신앙 좋은 집사님, 권사님, 장로님들이 가정에서는 소통이 잘 되지 않고, 이해심이 부족한 부모라는 것이 문제입니다. 그러면서 부모는 자녀에게 억지로 신앙을 갖도록 강요하기도 합니다.

"교회 좀 가라!" "성경 좀 읽어라!" "가정 예배드리는 시간이다. 빨리 다 모여!"

과연 이러한 가르침이 우리 자녀를 하나님께로 인도해 줄 수 있을까요? 교회에서는 전도도 최고, 봉사도 최고, 헌신도 최고인데, 집에서는 잔소리 최고, 강요 최고, 짜증 최고는 아닌지요. 우리들의 김 집사님, 박 장로님, 최 권사님, 이 전도사님, 장 목사님! 집에서도 존경받고 사랑이 많은 직분자로 살아가고 계십니까? 혹시 가정에서는 김 후세인, 박 히틀러, 최 신데렐라 계모로 살고 계시지는 않는지요?

바른 지도 찾기

1. '여호와 경외'를 통해 삶의 우선순위를 회복하는 기독학부모

신명기 6장 1-9절의 말씀을 함께 읽고, 기독학부모인 나에게 말씀하시는 하나님의 음성에 귀 기울여 보세요.

1 이는 곧 너희의 하나님 여호와께서 너희에게 가르치라고 명하신 명령과 규례와 법도라 너희가 건너가서 차지할 땅에서 행할 것이니

2 곧 너와 네 아들과 네 손자들이 평생에 네 하나님 여호와를 경외하며 내가 너희에게 명한 그 모든 규례와 명령을 지키게 하기 위한 것이며 또 네 날을 장구하게 하기 위한 것이라

3 이스라엘아 듣고 삼가 그것을 행하라 그리하면 네가 복을 받고 네 조상들의 하나님 여호와께서 네게 허락하심 같이 젖과 꿀이 흐르는 땅에서 네가 크게 번성하리라

4 이스라엘아 들으라 우리 하나님 여호와는 오직 유일한 여호와이시니

5 너는 마음을 다하고 뜻을 다하고 힘을 다하여 네 하나님 여호와를 사랑하라

6 오늘 내가 네게 명하는 이 말씀을 너는 마음에 새기고

7 네 자녀에게 부지런히 가르치며 집에 앉았을 때에든지 길을 갈 때에든지 누워 있을 때에든지 일어날 때에든지 이 말씀을 강론할 것이며

8 너는 또 그것을 네 손목에 매어 기호를 삼으며 네 미간에 붙여 표로 삼고

9 또 네 집 문설주와 바깥 문에 기록할지니라

+ 하나님께서 부모에게 주신 세 가지 명령은 무엇입니까?

+ 자녀에게 말씀을 부지런히 가르치라고 알려주신 방법은 무엇입니까?

하나님께서는 광야 생활 중 새롭게 태어난 백성들에게 가장 먼저 '하나님 여호와를 경외하는 삶'을 가르칠 것을 명하고 계십니다. 그 말씀은 지금 세대만 해당되는 것이 아닙니다. 우리와 우리 자녀, 우리 손자, 그리고 계속해서 다음 세대에 전해져야 할 것을 알려주는 말씀입니다. 자녀들에게 하나님을 경외하는 삶을 가르치기 위해서는 먼저 부모가 마음과 뜻과 힘을 다해 하나님을 사랑하는 삶을 살아야 합니다. 마음과 뜻과 힘을 다하라는 말씀은 우리의 생각과 마음, 살아가는 모든 방식을 통해 하나님을 가장 먼저 기억하고 하나님을 전심으로 의지하면서 살아가라는 의미입니다. 이것이 기독학부모의 첫 번째 사명입니다. 그리고 그 말씀을 매일 매일 마음에 새기고 삶으로 나타나도록 하는 것이 기독학부모의 두 번째 사명입니다. 마지막 사명은 부모로서 우리가 자녀에게 매일 매일 그 말씀을 부지런히 가르치는 일입니다. 보여지는 삶으로 들리는 삶으로 또 감동을 주는 삶으로 우리는 자녀에게 매일 하나님을 사랑하고 경외하는 법을 전해야 합니다.

성경을 보면 여호와 경외교육에 대한 대조적인 두 사례가 나옵니다. 하나는 아브라함의 자녀 교육입니다. 창세기 22장에 나오는 아브라함이 아들 이삭을 모리아산에서 번제물로 바치는 사건은 교육적 사건입니다. 그 사건을 통해 이삭이 아버지 아브라함에게 배운 것이 바로 여호와를 경외하는 법입니다. 자녀를 제물로 바치기까지 하나님께 순종한 아브라함을 통해 이삭은 여호와를 경외하는 것이 무엇인지를 뼈저리게 배웠을 것입니다. 후에 이삭은 어떤 사람이 됩니까? 아버지 아브라함을 이어 믿음의 족장 반열에 서고 그 믿음의 계보를 통해 예수 그리스도께서 오십니다.

반대로 여호와를 경외하는 삶을 보여주지 못한 부모의 모습이 나오는데 바로 사무엘상 2-4장에 나오는 엘리의 자녀 교육입니다. 엘리는 40년 동안 이스라엘을 치리한 제사장이었지만 그것이 자녀에게 신앙적으로 키우는 것을 보장해 주지는 못했습니다. "엘리의 아들들은 행실이 나빠 여호와를 알지 못하더라^(삼상2:12)" 엘리의 두 아들인 홉니와 비느하스는 여호와의 제사를 멸시하고 회막 문에서 수종드는 여인들과 동침하는 등 여호와를 경외하지 않았습니다. 그때 엘리가 하나님께 받은 책망은 무엇입니까? "네 아들들을 나보다 더 중히 여겨… 내가 전에 네 집과 네 조상의 집이 내 앞에 영원히 행하리라 하였으나 이제 나 여호와가 말하노니 결단코 그렇게 하지 아니하리라 나를 존중히 여기는 자를 내가 존중히 여기고 나를 멸시하는 자를 내가 경멸하리라^(삼상2:29-30)" 하나님보다 두 아들을 중히 여겨 자녀들의 여호와 경외교육에 실패한 엘리 가문은 결국 참담한 최후를 맞습니다. 여호와를 경외하는 것이 기독학부모의 삶의 근본임을 잊지 말아야 합니다.

2. 삶으로 하는 '여호와 경외'교육

신앙이란 구구단이나 알파벳처럼 암기하면서 배우는 것이 아니라 가정과 교회와 같은 신앙공동체 안에서 함께 하는 삶을 통하여 자연스럽게 몸에 배는 것입니다. 신앙과 삶은 동떨어져 있지 않습니다. 자녀들은 부모의 말이나 훈계가 아니라 부모와의 산 경험을 통해 세계를 인식하고 신앙을 자각합니다. 삶이 따라주지 않는 말이나 훈계는 잔소리처럼 여겨질 뿐입니다. 따라서 부모는 날마다 믿음으로 살아가려는 노력을 통해 자녀에게 여호와 경외의 삶을 전수해야 합니다. 이때 부모의 이미지와 가정의 분위기는 신앙교육에서 중요한 요소가 됩니다.

우리의 어린 시절을 한번 돌아보십시오. 부모님, 선생님, 목사님 등 존경하던 이들을 떠올려보면 그가 들려주었던 말이나 가르침은 자세하게 기억이 나지 않습니다. 우리에게 생생한 것은 함께 하던 순간에 경험한 인상, 깊은 추억들과 그때 나를 사로잡았던 이미지입니다. 부엌에서 땀을 흘리며 맛있는 음식을 해주시던 어머니, 따뜻한 군고구마를 품에 안고 들어오시던 아버지, 내 머리를 쓰다듬어 주시던 선생님, 너털웃음을 지으시던 푸근한 목사님… 그 모든 것이 가슴 따뜻한 추억이 되어 세상을 살아갈 수 있는 힘을 주고 있지 않습니까?

또 다른 중요한 방법은 가정의 분위기입니다. 많은 자녀들이 가정의 분위기에 영향을 받습니다. 가정이 하나님의 사랑이 넘치고 쉼이 있는 공간이 되어 준다면 경쟁과 비교로 고단한 삶을 살았다 할지라도 자녀들은 위로와 힘을 얻을 것입니다. 가정에 하나님의 말씀이 바로 서 있고 부모가 기독교적 가치관대로 사는 모습을 보여 준다면 세속적 가치관이 우리를 흔드는 세상에서 아이들은 말씀의 진리 위에 굳게 서서 중심을 잡고 살아가게 될 것입니다.

자녀가 성경책 읽기를 원하십니까? 부모가 먼저 TV를 끄고 조용히 앉아 하나님의 말씀을 묵상하십시오. 자녀가 남과 비교하지 않으며 어려운 일도 넉넉히 감당해 내는 사람으로 살기를 바라십니까? 부모가 먼저 자녀를 비교하지 않고 세속적 성공을 부러워하지 않으며, 어렵고 힘든 순간마다 하나님께 소망을 두면서 이겨 내는 모습을 보여주십시오. 세상의 가치관대로 자녀를 사랑하지 말고 하나님의 말씀대로 자녀를 모든 상황 가운데서도 사랑하고 용서하며 품어 주는 모습을 보여주십시오. 그리고 이 모든 것을 두세 번 시도하고서 안된다고 불같이 화를 내거나 절망하는 것이 아니라 끝까지 하십시오. 그것이 바로 성경의 가르침입니다.

3. 여호와 경외의 문화를 만드는 우리 가정

1) 예배 문화: 가정 예배, 종교적 의례, 기독교적 분위기

가정 예배

하나님을 경외하는 삶의 기본은 바로 예배입니다. 가정이 기쁨과 감격을 누리는 예배 하는 공동체가 될 때 가정은 하늘과 파이프가 연결되어 하나님과의 소통이 이루어집니다. 찬송과 기도가 올라가고 말씀과 은혜가 내려오게 됩니다. 긴 시간, 정형화된 형식이 아니더라도 매일, 혹은 일주일 중 하루 짧은 시간이라도 시간을 정해 놓고 함께 모여서 예배를 드려보세요. 가정예배에 관해 도움을 받고 싶은 분은 「맛있는 가정예배」책을 참고해 보세요.

종교적 의례

설, 추석과 같은 우리나라 고유의 명절이나 생일, 기념일 등의 날에 가족이 모여 특별 감사예배를 드려보세요. 소중한 날에 하나님께 먼저 감사하고 하나님의 은혜를 기리는 가정의 신앙 문화 속에 아이들은 자연스럽게 하나님 중심의 삶을 기억하게 될 것입니다.

기독교적 분위기

우리 가정에서의 기독교적 분위기를 느낄 수 있는 것이 있습니까? 예를 들면 집 안에서 좋은 찬양이 흘러나오는 분위기, 곳곳에 기도 제목이 붙여진 쪽지, 하나님의 이미지를 경험할 수 있는 액자, 말씀 암송을 할 수 있도록 붙여진 성경 구절 등. 이러한 환경을 통해 우리의 자녀는 무의식 중에 찬양을 부르고 하나님을 부르게 될 것입니다.

2) 기도 문화: 식탁 기도, 아침을 깨우는 기도/잠자리 기도, 기도처 마련하기

식탁 기도

기도하는 시간을 고정적으로 갖는 것은 중요합니다. 일상이 기도의 삶이 되면 따로 시간을 내어야한다는 부담이 줄 것입니다. 온 가족이 함께 가장 많은 시간을 보내는 식탁을 기도의 장소로 만들어 보세요. 냉장고, 혹은 식탁 유리 밑 등에 우리 가족이 함께 기도해야 할 제목을 붙여 놓고, 식사하기 전에 함께 기도하도록 합니다. 특별히 굶주림에 시달리는 어린이들이나 어려운 이웃에 대한 기도 등을 반복하면 이웃을 진심으로 긍휼히 여기도록 하는 기도로 발전할 것 입니다.

아침을 깨우는 기도/잠자리 기도

오랜 세월이 흘러도 변하지 않는 것들이 있습니다. 그중 하나가 믿음의 사람들이 고백하는 '기도하는 부모에 대한 이야기'입니다. 기도하는 부모의 이미지는 그 당시보다 자녀가 성인이 된 이후에 더욱 큰 영향력을 줍니다. 삶 속에서 큰 어려움을 만날 때 부모의 기도는 자녀를 다시 일어서게 하는 힘을 주고 감동을 줍니다. 아침에 잠자는 자녀를 큰 소리를 깨우는 것이 아니라, 조용히 어루만지며 기도해 보세요. 짜증을 내고 갈등하는 모습에서 사랑을 창조하는 새로운 관계의 국면으로 나아가게 될 것입니다. 혹은 잠자리에 들기 전 자녀와 말씀을 함께 읽고 기도로 마무리하세요. 하루를 마무리하는 자녀의 마음이 평안해질 것입니다.

+ 자녀를 위한 기도를 매번하기 힘들다면 아래의 말씀으로 대신 축복해 주세요.

(밑줄 친 곳에 자녀의 이름을 넣어 읽어주면 더욱 좋습니다.)

여호와는 <u>네</u>게 복을 주시고 <u>너</u>를 지키시기를 원하며 여호와는 그의 얼굴을 <u>네</u>게 비추사 은혜 베푸시기를 원하며 여호와는 그 얼굴을 <u>네</u>게로 향하여 드사 평강 주시기를 원하노라 _민수기 6:24-26

기도처 마련하기

많은 사람들이 교회에서 평안함을 느끼는 장소 중 하나가 기도실입니다. 특별히 마음이 지치고 힘이 들 때, 그곳을 찾아 하나님 앞에 나아갑니다. 내가 매일 기도하던 장소는 왠지 모를 힘이 있습니다. 그곳에 앉기만 해도 눈물이 흐르고, 두 팔 벌려 나를 기다리고 계시는 하나님을 만나게 됩니다. 우리 가정 안에 이러한 기도처를 마련해 보는 것은 어떨까요? 넓은 공간이 필요하지 않습니다. 작은 기도 책상에 성경책, 찬송가, 작은 스탠드(혹은 초)를 올려놓고 한쪽에 기도에 관한 좋은 말씀을 코팅해서 붙여 놓으면 됩니다.

다락방, 서재, 거실의 한쪽 구석, 그것도 아니면 집에서 가장 조용한 장소를 잘 찾아 온 가족이 함께 기도할 수 있는 기도처를 만들어보세요. 자녀는 그곳에서 기도하는 부모를 통해 안정감을 얻고, 자신들도 기도의 삶을 배우게 될 것입니다.

3) 말씀 문화: 말씀과 함께하는 삶, 신앙 서적 읽기

말씀과 함께하는 삶

말씀은 하나님의 뜻을 가장 잘 알 수 있는 통로입니다. 어려서부터 성경을 알았던 디모데는 하나님의 신실한 아들로 자랄 수 있었습니다. 우리 아이들에게도 어려서부터 성경을 알 수 있도록 암송과 읽기, 큐티하기, 쓰기 등의 교육을 합니다. 이 중에서 자녀에게 가장 맞는 방법을 관찰한 후, 함께 의논하여 정하는 것이 좋습니다. 영유아 자녀들의 경우 성경을 바탕으로 어린이들의 언어로 쓰여진 어린이 그림 성경 등을 사용해 하나님의 말씀을 알아가는 방법도 있습니다. 어떤 방법이든 결정했다면 지속할 수 있게 만드는 것이 중요합니다. 하다가 그만 두는 것은 자녀들에게 그만큼 중요하지 않다는 것을 무의식 중에 전달하는 것이며, 언제라도 힘들면 쉽게 포기해도 된다는 좋지 않은 습관을 가져다 줄 것입니다.

신앙 서적 읽기

기독교 역사 속에는 성경 이외에도 감동을 주는 좋은 책들이 많이 있습니다. 그리고 지금도 서점에는 기독교적 세계관을 바탕으로 쓰인 좋은 책들이 물밀 듯이 나오고 있습니다. 자녀와 함께 기독교 서점에 방문해 아이에게 맞는 책을 골라보세요. 지금 자녀의 손에 쥐어진 책을 통해 삶의 평생을 책임질 좋은 스승을 만나게 될지도 모릅니다.

4) 교제 문화: 식탁 공동체, 사랑의 표현

식탁 공동체

식탁 공동체는 가정의 중요한 신앙 문화입니다. 예수님께서도 제자들과 함께 떡을 떼고 잔을 나누며 함께 하셨습니다. 조금 번거롭더라도 계절의 변화에 따라 식탁의 분위기를 조성한다면 훨씬 더 사랑스러운 분위기를 자아낼 수 있습니다. 사람은 함께 식사를 하면서 친해지고, 함께 식사를 하면서 정이 든다고 합니다. 최근 부모도 자녀도 바쁜 일상으로 인하여 함께 식사하는 시간이 줄어든다고 하는데 하루에 한 번은 꼭 함께 식사를 할 수 있도록 합니다. 그리고 자연스러운 대화를 나누는 시간, 서로에게 관심을 갖는 시간으로 삼아 보십시오. 여기에는 많은 것이 필요하지 않습니다. 조금의 관심과 조금의 현실이 필요할 뿐입니다.

사랑의 표현

자녀와 자주 대화하고 눈을 맞추며 사랑을 표현하세요. 자녀들은 대개 스킨십이나 인정하는 말 등의 사랑의 언어를 가지고 있습니다. 애정 담긴 말과 몸짓을 받고 자란 아이들은 어디에 가든 부요하고 행복한 관계를 맞는 사람이 될 것입니다.

아침에 한 번, 잠들기 전에 한 번, 자녀에게 "사랑해", "수고했어" 라고 말하면서 꼭 안아 주세요. 사소한 행동 하나가 아이의 마음을 크고 단단하게 만들어 줍니다.

5) 섬김 문화: 가족선교여행(국내 성지순례 등), 일대일 결연

가족선교여행(국내 성지 순례)

온 가족이 함께 여행을 떠난 경험은 많이 있습니다. 하지만 가족이 함께 모여 성지순례를 가거나 봉사활동을 하는 경우는 드뭅니다. 가족과 함께 믿음의 선조들의 흔적이 들어 있는 터전을 방문해 보세요. 물론 부모는 가기 전 인터넷이나 책 등을 통해 사전 지식을 준비해서 가도록 합시다. 이스라엘 백성들이 하나님께서 하신 역사를 부모의 입을 통해 전해 듣고 그들의 신앙을 쌓았던 것처럼 우리의 자녀들도 부모를 통해 듣게 된 하나님의 사람들, 신앙의 역사로 말미암아 신앙의 터전을 닦게 될 것입니다.

일대일 결연

기독교 가정은 함께 살아가는 사람과 환경을 돌보고 책임지는 삶을 살아가야 합니다. 하나님께서는 성경 곳곳에서 고아와 과부, 나그네를 돌보고 책임지며 그들을 긍휼히 여기는 사랑을 보여주고 계십니다. 수입이 많고 적음을 떠나 우리 가정에서 할 수 있는 후원을 찾아보세요. 일대일 결연을 통해 자녀들에게 우리가 돌보고 책임져야 할 이들이 있음을 알게 해주는 것도 의미 있는 교육이 될 것입니다.

+ 건강하고 바른 신앙의 나무를 형성하기 위하여

우리는 자녀의 바른 신앙을 형성해주는 건강하고 든든한 '신앙의 나무'가 되어야 합니다. 가정은 바로 하나님께서 우리에게 주신 신앙의 나무기둥이며, 학교와 교회 또한 나무의 주된 가지입니다. 그러나 우리의 역할은 거기까지 입니다.

'잔가지'는 아이들의 몫입니다.
나무의 본체가 건강하고 생명력 있게 자란다면 잔가지 또한 탄력 있게 형성될 것입니다. '마르지 않는 샘물과 햇빛, 열매'는 오직 하나님의 영역입니다. 하나님께서는 그의 사랑하는 자녀를 끝까지 보호하고 지키실 것입니다.

지도를 따라서

네 번째 여정을 기억하며 배운 점 또는 느낀 점을 한 줄로 기록해 보세요.

"   "
_____

workshop & 과제

+ 자녀들이 가정에서 여호와를 경외할 수 있도록 돕는 가정 문화에는 어떤 것들이 있는지 생각해 보고, 우리 가정에서 앞으로 실천할 수 있는 내용을 다섯 가지 정도 선택하여 여호와를 경외하는 가정나무를 만들어 봅시다. (색지 등을 사용하여 예쁘게 꾸미고 집에서 잘 보이는 곳에 붙여 놓으십시오. 가급적이면 온 가족이 함께 모여 정하는 것이 좋습니다.)

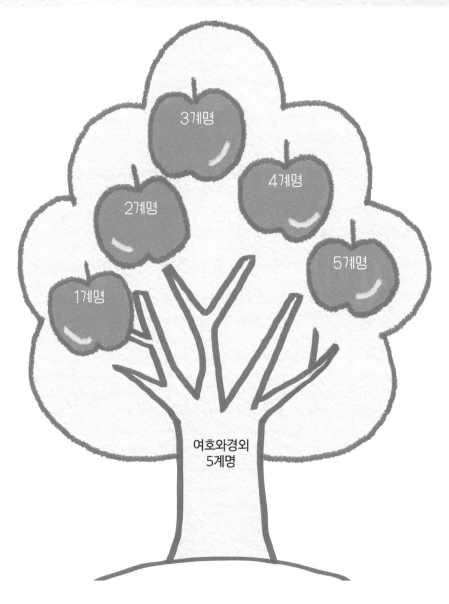

기독학부모의 기도문

여호와를 경외하는 것이 지식의 근본이라고 하신 하나님, 우리 자녀가 단지 똑똑하고 공부 잘하는 아이가 되는 것을 기뻐하기보다 지식의 근본이신 여호와 하나님을 경외하는 자녀로 양육하기를 힘쓰는 부모가 되기를 원합니다.

또한 여호와를 경외하고 예배하는 것을 삶으로 가르치는 부모가 되게 하셔서, 여호와를 경외하는 자에게 주시는 화목하고 행복한 가정의 복을 풍성히 누리게 하옵소서.

우리 자녀가 세상의 지식과 실력을 쌓는 것, 인기와 명예를 얻는 것을 하나님을 경외하고 예배하는 것보다 더 중요하게 여기지 않길 원합니다. 그 유혹이 아무리 매력적이라 할지라도 지혜와 지식의 근원이신 하나님을 경외하고 예배하는 것보다 더 큰 기쁨이 없다는 것을 놓치지 않게 하옵소서. 저희 가정이 하나님이 허락하신 생명과 호흡이 다하는 마지막 순간까지 하나님을 가장, 누구보다 뜨겁게 사랑하게 하옵소서. 예수님의 이름으로 기도합니다. 아멘.

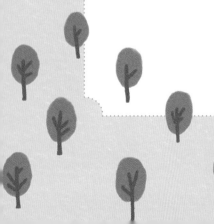

자신의 기도문을 적어보세요.

5

다섯번째 여정,

성품 교육

"오직 성령의 열매는" (갈5:22)

여행길에 오르며

성품은 그 사람의 모든 것을 담을 수 있는 그릇과 같습니다.

성품이 잘못되어 있으면 깨진 그릇과 같아서 아무리 좋은 것을 담아도 다 새어나가 버립니다.

과연 나는 기독학부모로서 자녀의 좋은 성품 형성에 관심을 기울이고 있습니까?

나는 내 아이만이 아니라 이 땅의 아이들이 예수 그리스도의 성품을 닮아가도록

본이 되는 기독학부모인가요?

+ 자녀가 꼭 가졌으면 하는 성품이 있나요? 자녀에게 왜 그런 성품이 있었으면 좋겠다고 생각하는지 함께 나누어보세요.

　대부분의 기독학부모에게 "자녀가 커서 어떤 사람이 되었으면 좋겠습니까?"라고 물으면 "안정적인 직장을 가진 사람 / 자기가 하고 싶은 일을 하는 사람 / 다른 사람을 존중하고 배려하는 사람 / 창조적인 사람" 등으로 답하며 신앙은 기본적으로 가지고 있고, 신앙 뿐 아니라 실력도 좋은 사람으로 자랐으면 좋겠다고 말합니다. 모두가 아이의 신앙뿐 아니라 성품도 기독교인답게 자라고 실력까지 좋으면 금상첨화라고 말하지만 막상 자녀가 친구에게 괴롭힘을 당하거나 맞고 들어오면 '아이고~ 차라리 한 대 때리는 것이 낫지'라는 생각이 불쑥 올라오기도 합니다. 성품이 좋은 아이로 자라길 바라면서 막상 자녀가 정말 그런 모습을 보이면 팍팍한 세상에서 저런 성품으로 손해만 보는 것은 아닐까 하는 두려움이 올라오기도 합니다. 정말 성경이 말하는 '그리스도의 장성한 분량'에 이르는 성품은 무엇을 의미할까요? 또한 우리는 기독학부모로서 자녀에게 어떤 성품을 가져야 한다고 가르쳐야 할까요?

잘못 들어선 길

I. 걱정스러운 우리 아이들의 성품

모든 아이들이 좋은 성품을 가진 아이로 자라면 좋겠지만, 우리나라 아동·청소년 범죄율은 증가하고 있는 것이 현실입니다. 누군가를 해치는 것이 범죄라는 것을 인식하지 못한 채 우발적 범행을 저지르는 아이들의 모습이 지금 내 자녀와 관계없는 하나의 사회적 현상처럼 보이지만 사실 그렇지 않습니다.

기독교학교교육연구소에서 교회학교 아이들을 대상으로 '학교 폭력에 대한 인식'을 조사한 적이 있습니다. '학교폭력을 하는 가장 큰 이유는 무엇인가요?'라는 질문에 39.4%의 아이들은 '장난'이라고 답했습니다. 또한 교회학교 아이들의 9.9%가 집단따돌림, 괴롭힘, 왕따의 경험이 있다고 답했으며, 죽고 싶을 만큼 고통스러웠다고 말하는 경우도 피해자의 8.9%, 학교에 가고 싶지 않다고 생각한 경우도 22.1%로 우리가 교회에서 만나는 평범한 아이들도 학교 폭력에 대한 고민과 갈등, 아픔이 있음을 알 수 있었습니다. 이 뿐만 아니라 학교 폭력의 가해의 경험이 전반적으로 높지는 않았지만, '집단따돌림, 괴롭힘 등'에서의 가해 경험은 13.1%, 관찰 경험은 57.8%의 높은 비율을 보이기도 했습니다.

잘 자라는 것 같고, 잘 지내는 것처럼 보이는 우리의 자녀들도 학교 폭력에 있어서 가해자가 될 수 있고, 가해자와 방관자가 될 수 있음을 말해주고 있습니다.

이처럼 이유없이, 장난으로 누군가를 해치는 것에 대한 죄책감이 없는 이유는 무엇일까요? 무엇이 어디서부터 잘못되었기에 우리 아이들이 이런 행동을 하는 것일까요? 우리는 기독학부모로서 우리의 자녀들에게 어떤 성품을 지닌 사람으로 자라야 한다고 가르쳐야 할까요?

다음의 학교 폭력을 다른 학생으로부터 당해 본 적이 있나요?

	당한 적 없다	당한 적 있다	자주 당한다	무응답
1) 집단따돌림 괴롭힘 왕따	9.9%	87.1%	9.1%	0.8%	2.9%
2) 빵셔틀	1.0%	95.5%	0.9%	3.4%	3.3%
3) 원하지 않는 행동을 강요	5.6%	90.4%	5.5%	0.1%	3.9%
4) 신체 폭행	5.1%	91.5%	4.7%	0.4%	3.4%
5) 금품 갈취	8.4%	88.2%	8.1%	0.3%	3.4%
6) 사이버, 휴대전화 폭력	8.5%	88.0%	8.1%	0.4%	3.5%
7) 성추행 및 성희롱 등 성폭력	1.4%	95.0%	1.1%	0.3%	3.6%

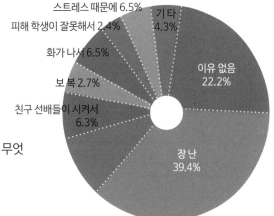

학생들이 학교폭력을 하는 가장 큰 이유는 무엇
이라고 생각하나요?

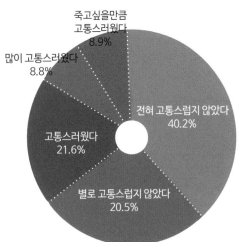

최근 1년간 나는 학교 폭력 피해로 인해서 얼
마나 고통을 받았나요?

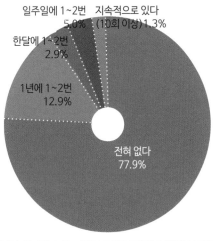

최근 1년간 나는 학교 폭력 피해로 인해서 학교
등교 거부에 대한 충동을 느낀 적이 있나요?

2. 성품보다 중요한 것은 성적?

 초등학교 1학년
이제 초등학교 들어갔으니까 공부열심히해야지

 초등학교 2학년
이제 후배들도 생겼으니 열심히 공부해야지

 초등학교 3학년
이제 1년만 있으면 고학년이야! 빨리 공부해!

 초등학교 4학년
이제 고학년이니까 더 빡쎄게 공부해야 하지 않겠니?

 초등학교 5학년
이제 1년만 있으면 6학년이다. 빨리 공부하렴

 초등학교 6학년
이제 1년만 있으면 중학교를 가네? 빨리 방으로 들어가렴

 중학교 1학년
이제 중학생이니까 초등학교때보다 더 열심히 하렴

 중학교 2학년
이제 1년만 있으면 중3이네? 게임 그만하고 들어가라

 중학교 3학년
정신이 있니 없니? 1년만 있으면 고등학교 가는 놈아!

 고등학교 1학년
말 안해도 알지? 고등학교는 내신이 중요하단다

 고등학교 2학년
1년이면 고3이다. 정신이 있으면 빨리 공부하렴

 고등학교 3학년
고3은 공부하라고 있는거야 빨리 들어가서 공부해

[출처: 온라인 커뮤니티] 부산일보, "학년별 공부하는 이유" 2012.09.17

인터넷상에서 떠도는 엄마의 잔소리에 대한 이야기입니다. 자녀가 초등학교 1학년에 들어가면서부터 졸업할 때까지 우리의 주된 관심사는 혹시 공부는 아닌지요. 성품이 중요하다고 말하고는 있지만, 자녀를 바라보는 시각은 '준비론적 자녀관'을 가지고 있지는 않은지 되돌아 보아야 합니다.

최근 기독교학교교육연구소에서 기독학부모들에게 자녀양육에 대한 고민들을 모으고, 비슷한 주제별로 유목화(grouping)한 적이 있습니다. 총 61개의 자녀양육 고민들이 모아졌는데, 그 중 자녀의 성품이나 인성에 대한 고민은 딱 하나였습니다. 유일한 응답도 현재 자녀가 친구들 사이에서 집단 따돌림을 당하고 있어 부모로서 어떻게 해야 할지 막막하다는 고민이었습니다.

부모로서 자녀의 성품형성과 성품교육이 중요하다고 말하지만, 정작 우리는 자녀의 삶

에서 문제가 생겨야 관심을 가집니다. 지금 이 시기는 어른이 되기 위한 준비이기에 성품이 중요하다고 생각하지만, 어느 순간 우선순위에서 밀려버립니다. 대학을 가기 위한 준비, 시험을 잘 보기 위한 준비기간으로 지금 이순간이 존재한다고 생각합니다. 지금 하고 싶고 누릴 수 있는 것들은 미래에, 어른이 된 뒤에, 대학 입학하고 난 뒤에 해도 늦지 않고 충분히 할 수 있다고 말합니다. 이런 부모의 태도는 자녀에게 암묵적으로 '어떤 삶을 누리며, 어떤 가치를 발현하며 살까?'를 고민하는 것은 사치일 뿐이라고 말하는 것과 같습니다. 자녀가 좋은 의도로 의미있는 봉사활동과 같은 활동을 열심히 한다 하더라도 부모는 자신도 모르게 '그런 건 대학가서 해도 늦지 않는데…'라고 생각하면서, 성적이 나쁘거나 특별한 재능을 보이지 않으면 자녀의 좋은 성품마저도 평가절하하고는 합니다.

　자녀가 예수님을 닮은 성품을 가진 아이로 자라는 것을 기도하면서도 막상 자녀가 학업에 몰두하지 않으면 불안해하는 것은 기독교 가정이라고 해서 그리 다를 바는 아닙니다. 교회에 다니는 학부모라고 하지만 자녀를 '예수 그리스도의 장성한 분량에 이르는 삶'으로 양육하는 것을 목적으로 두기보다는 상위권 대학, 좋은 직장에 들어가는 것 자체에 목적을 두고 있지는 않는지요. 이런 모습은 획일적인 경쟁주의에 자식을 내몰아 성품이나 인격의 성숙은 뒤로 미룬 채 다른 사람의 자녀보다 내 자녀만이 앞서기만을 바라는 부모와 다를 바가 없습니다.

3. 인성을 가르칠 수 있다?

다음은 도덕시험의 문제입니다. 정답은 무엇일까요?

10. 화장실을 가다가 친구와 부딪혔을 때에는 어떻게 말해야 합니까?
　　(1) 짜증나　　　　　　(2) 앞 좀 보고다녀
　　(3) 너 뭐니? 왜 그래?　　(4) 어서와. 잘 지냈지?
　　(5) 괜찮니? 다치진 않았어?

이 아이는 5번을 정답으로 쓰고 도덕시험 100점을 맞았습니다. 그리고 시험을 마치고 화장실을 가다가 한 친구랑 부딪혔을 때 이렇게 말합니다. "아이~ 짜증나! 야! 앞 좀 보고 다녀!"

도덕시험을 100점 맞은 이 아이, 과연 좋은 성품을 가진 아이라고 할 수 있을까요?

거의 모든 나라에서 교육은 '학생들을 지적으로 총명하게 하는 것'과 '도덕적으로 선하게 만드는 것'에 목표를 두고 있습니다. 우리나라에서도 입시와 성적 중심의 교육에서 인성 중심의 교육으로 교육의 패러다임을 바꾸겠다고 하면서 '인성교육진흥법'을 만들어 모든 교육에서 인성교육을 의무교육으로 규정하였습니다. 입시와 성적 중심 교육 및 학교 폭력 등으로 맞은 공교육의 위기를 극복하기 위해서는 인성교육을 강화해야 하는 것에 동의하고 있습니다. 이처럼 우리 아이들에게 좋은 인성, 좋은 성품을 물려주어야 한다는 것은 교회를 넘어 교육 전반의 관심사입니다.

이렇게 인성교육, 성품교육의 중요성이 교육 전반에 대두되고 있음에도 불구하고 우리가 드는 의문은 다음과 같습니다. 과연 인성이라는 것이 '지적인 가르침'으로 길러지는 것인가 하는 것입니다. 위에서 우리가 잠시 나눈 것처럼 도덕시험을 100점 맞아 '좋은 인성을 가진 자녀인 것처럼' 자라게 할 수는 있겠지만, 과연 지적인 가르침으로 우리 아이를 '좋은 인성을 지닌 자녀'로 만들 수 있을까요?

바른 지도 찾기

1. 성경의 열매를 성품으로

하나님은 우리가 어떤 성품을 지닌 존재라고 말씀하시나요?

하나님이 자기 형상 곧 하나님의 형상대로 사람을 창조하시되 남자와 여자를 창조하시고 _창세기 1:27

성경은 모든 사람 안에 '하나님의 형상'이 있다고 말합니다. 기독학부모인 우리에게도, 그리고 자녀에게도 하나님의 형상이 있습니다. 하지만 문제는 죄로 인해 우리 안에 있는 '하나님의 형상'이 어그러졌다는 것입니다. 사람들은 대부분 자신의 지성, 의지 등을 사용하여 좋은 성품을 가진 삶을 살 수 있다고 생각합니다. 하지만 인간의 지성, 감정, 의지도 죄로 인해 타락한 것이기에 '좋은 성품을 가진 사람인 것처럼' 살 수 있게는 하지만 진정한 의미에서 '하나님의 형상을 회복한 삶'으로 살게 할 수는 없습니다.

우리 안에 있는 하나님의 형상은 우리의 지성, 감정, 의지로 회복되는 것이 아니라 예수님의 십자가 사건으로 말미암아 회복되는 것입니다. 따라서 성품을 '하나님의 형상'으로 보는 것은 단순히 성품이 지적인 가르침이나 교육을 통해서 회복 가능하다고 하는 생각이 잘못된 것임을 알려줍니다. 그렇다면 무엇이 우리의 안에 있는 형상을 회복하게 하며, 하나님의 형상을 회복한 삶은 어떤 삶을 말하는 것일까요? 아래의 말씀을 읽고 성경은 우리에게 무엇이라고 말하는지 이야기 나누어 봅시다.

+ 갈라디아서 5장 22-26절 말씀을 함께 읽어봅시다. 우리 안에 있는 '하나님의 형상'을 회복하게 하는 것은 무엇이며, 하나님의 형상으로 성화된 인간은 어떤 삶을 살게 되는 것일까요?

22 오직 성령의 열매는 사랑과 희락과 화평과 오래 참음과 자비와 양선과 충성과

23 온유와 절제니 이같은 것을 금지할 법이 없느니라

24 그리스도 예수의 사람들은 육체와 함께 그 정욕과 탐심을 십자가에 못 박았느니라

25 만일 우리가 성령으로 살면 또한 성령으로 행할지니

26 헛된 영광을 구하여 서로 노엽게 하거나 서로 투기하지 말지니라

말씀에서 볼 수 있듯이 하나님의 형상으로서의 성품 회복은 성령으로 말미암아 가능합니다. 성령이 우리 안에 임하게 되면 우리는 성령으로 조명된 양심을 가지게 되고 그리스도의 장성한 분량에 이르는 인간이 됩니다. 기독교에서는 이것을 '성화'라고 이야기합니다. 성화된 인간, 즉 하나님의 형상이 회복된 우리는 성령의 열매를 맺는 삶을 살게 되는 것이지요. 이처럼 성령의 열매는 하나님의 영에 의해 맺어지는 것이라고 볼 수 있습니다. 이것은 '우리는 가만히 있어도 된다'는 것을 의미하지는 않습니다. '열매'에 해당하는 '카르포스'라는 원어는 성령에 의해 일방적으로 주어지는 은사와는 구별되는 것으로 성령의 사역뿐만 아니라 인간의 책임성을 동시에 내포하고 있기 때문입니다. 즉, 성령의 능력이 인간 안에서 작용하는 한편 하나님의 은혜에 대한 인간 편에서의 응답이 '열매'로 나타나는 것입니다. 갈라디아서 5장에서는 성령의 역사에 대한 인간의 합당한 반응을 성령의 열매로 요약하여 제시하고 있는데, 이는 기독교인

이라면 삶의 현장에서 마땅히 드러내고 추구해야 할 덕목입니다. 우리 자녀들이 하나님을 경외하고 그분을 더 깊이 알아갈 때 하나님의 성품에 참여하는 자가 되고, 그리스도의 장성한 분량에까지 이르는 자가 됩니다.

+ 다음은 성령의 아홉 가지 열매를 원어 의미에 맞게 정의내린 것입니다. 정의를 천천히 읽어보고 해당하는 성령의 열매를 적어보세요.

성령의 열매	정 의
	예수님의 사랑으로 우리들이 서로 사랑하기를 원하시는 하나님의 선물이에요.
	잘못된 길에 빠지지 않고 하나님이 기뻐하시는 방법대로 살아가게 하는 하나님의 선물이에요.
	하나님 그리고 이웃과 평화로우며 서로 사과하고 용서하기를 원하시는 하나님의 선물이에요.
	고난과 어려움이 있어서도 하나님의 선하심에 대한 믿음 가운데 오래 버티기를 원하시는 하나님의 선물이에요.
	예수님을 닮아 말과 행실로 친절하기를 바라시는 하나님의 선물이에요.
	남이 보지 않아도 다른 사람에게 착한 마음으로 베풀기를 원하시는 하나님의 선물이에요.
	슬픔과 고통, 근심 가운데서도 누릴 수 있는 하나님의 선물이에요.
	주님께서 부탁하신 것을 확신을 가지고 지키며 하나님과 사람에게 진실할 수 있는 하나님의 선물이에요.
	비록 적이라 하더라도 대항하지 않고 오히려 부드러운 인격으로 이길 수 있는 하나님의 선물이에요.

2. 부모의 역할이 중요하다

이 땅을 살아가고 있는 자녀에게 기독학부모인 우리는 과연 무엇을 물려주어야 할까요? 부모로서 우리는 자녀들에게 수려한 용모를 물려주고 싶고, 탁월한 지성을 물려주고 싶고, 평생 쓰고도 남을 만큼의 재산을 물려주고 싶어 합니다. 하지만 그 무엇보다 기독학부모로서 우리는 자녀들에게 하나님을 기쁘시게 하는 성품을 물려주어야 합니다.

마땅히 행할 길을 아이에게 가르치라 그리하면 늙어도 그것을 떠나지 아니하리라 _ 잠언 22:6

우리는 자녀들에게 지금 하나님의 형상을 드러내는 삶, 성령의 열매를 맺는 삶, 좋은 성품으로 사는 삶을 가르쳐서 그것을 몸에 익히게 하고 평생을 살아갈 수 있도록 격려하는 부모여야 합니다. '하나님의 성품에 참여하는 자의 삶'이 무엇인지, 그것이 때로는 손해보기를 감내해야 하고 때로는 미련해 보이며 내 욕심을 내려놓아야 하는 삶이라 할지라도 기꺼이 보여주고 가르쳐 주어야 합니다. 누구보다도 값진 인생을 살며 하나님과 사람들에게 칭찬 받을 준비가 되어 있는 자들은 하나님을 기쁘시게 하는 성품을 지닌 사람들이었습니다.

용모나 성적이나 재산에 관계없이 자신이 누구인지를 아는 확실한 믿음 위에 사랑, 기쁨, 화평, 오래참음, 친절, 선함, 신실함, 온유, 절제로 충만한 성품을 지닌 자녀들을 향해 성경은 이런 사람을 세상이 감당하지 못할 것[히11:38]이라고 말하고 있습니다.

3. 함께 세워야 할, 성경의 열매를 맺는 공동체

'한 아이를 키우려면 온 마을이 필요하다'는 말이 있습니다. 성품교육에 있어서도 마찬가지입니다. 우리 아이가 속한 환경 즉 가정과 교회, 학교, 지역사회가 건강한 성품을 형성할 수 있도록 도와야 합니다. 이를 위해서는 어렵고 힘들지만 이 세대의 왜곡된 가치관을 거스르는 용기가 필요합니다. 성품을 지식적으로 아는 것만으로 하나님의 형상을 드러내며 살 수 없습니다. 기꺼이, 부단히 노력하며 성품대로 살아가는 용기가 필요하고, 기독학부모인 우리도 본을 보여야 합니다.

「커넥티드 : 행복은 전염된다」라는 책은 모든 사람은 연결되어 있고, 따라서 행복은 그 연결된 사회관계 속에서 전염된다고 말하고 있습니다. 특별히 우리는 세 단계의 관계에서 영향을 받는데, 1단계 자신의 친구가 행복하면 내가 행복할 확률이 15% 높아지고, 2단계 내 친구의 친구가 행복하면, 내가 행복할 확률이 10% 높아지고, 3단계 내 친구의 친구의 친구가 행복하면 내가 행복할 확률이 6% 높아진다고 말합니다. 결국 내 자녀가 행복한 삶을 살기 위해서는 내 자녀를 둘러싼 친구들, 친구들의 친구가 행복해야 한다는 것입니다. 성품도 마찬가지입니다. 자녀가 건강한 성품을 가지고 성장하기 위해서는 내 자녀의 친구의 성품, 친구의 친구의 성품이 건강해야 합니다. 온 마을이 건강한 성품으로 살아가야 자녀와 자녀의 친구들이 건강하게 성장할 수 있습니다.

따라서 기독학부모인 우리는 자녀가 건강한 성품을 가진 아이로 성장할 수 있도록 격려하고 지지해야 합니다. 물론 이 과정은 쉽지 않고 때로는 마음이 아플 때도 있습니다. 그러나 그럴 때마다 하나님께서 주시는 믿음과 성령의 열매로 기독학부모인 우리가 꿋꿋이 살아가야 합니다. 이 때 필요한 것은 우리의 불안과 두려움을 함께 붙잡고 기도하는 공동체입니다. 자녀가 속한 교실 공동체가 바르게 세워지도록 같은 마음을 품고 기도하며 교사와 협력하는 기독학부모 공동체를 세워야 합니다. 가정과 교회, 학교와 지역사회가 내 아이를 넘어 우리 아이를 키우는 협력을 하기 위해서는 무엇보다 기독학부모 공동체 형성이 중요하고 소중합니다.

지도를 따라서

다섯 번째 여정을 기억하며 배운 점 또는 느낀 점을 한 줄로 기록해 보세요.

"   "
_____

+ 부록에 있는 [성령의 열매 카드]를 이용하여 함께 나누어 봅시다.

(1) 부록의 카드를 가위로 잘라 정의가 보이도록 책상 위에 놓습니다.

(2) 성령의 열매 정의를 읽으며 부모인 내가 훈련하고 싶은 성령의 열매 카드를 골라봅시다.

(3) 왜 그 성령의 열매를 선택했는지 조원과 나누어보세요.

(4) 자녀가 훈련받고 누렸으면 하는 성령의 열매 카드를 골라보세요.

(5) 왜 그 성령의 열매를 선택했는지 조원들과 함께 나누어보세요.

	성령의 열매	정 의	이 유
나			
첫째 아이			
둘째 아이			

+ 가족들과 함께 우리 가족이 훈련할 성품의 열매를 정해봅시다.

(1) 성령의 열매 카드를 놓고, 우리 가족이 훈련하면 좋을 성품을 하나 고르세요.

(2) 온 가족이 함께 정의를 읽습니다.

(3) 가족이 고른 성령의 열매를 맺은 성경 속 인물을 찾아보세요. 그리고 왜 그 인물을 선택했는지 함께 이야기 나눠보세요.

(4) 성품을 훈련하기 위한 실천사항을 하나씩 나누고, 교재에 적은 후 함께 실천하기로 다짐합니다.

과 제

온 가족이 함께 맺을 성령의 열매! [   ]

[   ]을 맺은 성경 속 인물 [   ]

왜냐하면, ...

.... 때문이다.

[우리가족 실천사항]

....

....

....

....

기독학부모의 기도문

하나님의 성품에 참여하게 하신 하나님, 감사합니다. 하나님은 우리의 성품에 관심을 두시고 성장시키심에도 불구하고 우리의 교육은 여전히 입시와 학업, 성적에 더 관심을 두고 있음을 봅니다.

하나님, 가정에서부터 기독학부모로부터 하나님이 기뻐하시는 사람을 길러내는 교육에 관심갖게 하옵소서. 사람됨이 입시와 경쟁의 문화를 이기게 하시고, 바른 성품에 기초한 가정, 학교의 스승과 제자, 친구관계가 만들어지게 하옵소서. 교회와 기독학부모의 가정마다 바른 성품과 인격을 무시하는 세상의 문화를 거부하여 하나님의 성품을 닮은 자녀들을 최우선으로 길러내는 교육을 하게 하옵소서.

이를 위해 성령 하나님, 우리 안에 늘 내주하시고 지혜를 주시길 원합니다. 성령 하나님이 주시는 지혜와 열매로 이 땅의 하나님의 성품교육을 이뤄가는 기독학부모가 되게 하옵소서. 이런 우리의 삶을 통하여 자녀가 예수님의 성품을 닮아가게 하옵소서. 예수님의 이름으로 기도합니다. 아멘.

자신의 기도문을 적어보세요.

6

여섯 번째 여정,

학업과
은사 이해

"이는 그것이 그의 몫이기 때문이라" (전3:22)

여행길에 오르며

"공부 열심히 해"라는 말은 자녀에 대한 관심과 사랑의 표현 중 하나라고 생각했습니다.

그러나 때로는 그 말 안에 자녀에 대한 부모의 욕심이나 두려움도 담겨 있음을 부인할 수 없습니다.

기독학부모로서 우리는 자녀의 학업과 은사에 대해 어떤 관점을 가지고 있습니까?

+ 우리의 학창 시절을 떠올려 보면서 공부에 대한 느낌은 다섯 글자로 표현해 본다면 뭐라고 표현할 수 있을까요? 또한 우리 자녀는 공부에 대해 어떻게 느끼고 있을까요? (예: 행복한 걸음, 시험이 좋아, 그냥 하는 거, 참 지겨워요, 해도 안돼요 등)

이런 공부에 대한 이미지는 어떻게 형성된 것일까요? 공부에 대해 우리가 가졌던 이미지, 그리고 지금 자녀들이 가지고 있을 이미지는 '공부의 이유'에 대한 부모나 사회의 대답과 깊이 연결되어 있습니다.

+ 어느 날 자녀가 "엄마(아빠)! 공부는 왜 해야 해요?"라고 묻는다면, 뭐라고 대답하시겠습니까? 조원들과 brain writing 기법[1]을 활용하여 의견을 나누어 봅시다.

공부를 열심히 하기 위해 동기부여가 참 중요합니다. 학급 급훈은 아이들에게 동기를 부여해 주기 위해 사용되고는 합니다. '엄마가 보고 있다', '행복은 성적순이 아니지만, 성공은 성적순이다', '한 번에 가자 in 서울' 등의 말로 아이들의 경쟁심을 자극하고, 그것을 학업의 동기부여로 사용하고는 합니다.

핀란드 등 북유럽 교육 연구 전문가들은 우리와는 사뭇 다른 이야기를 들려줍니다. 공부의 이유와 배움의 즐거움을 알지 못하고 학원과 사교육, 엄마 주도 학습에 눌려 있는 우리 아이들과는 달리, 자기가 좋아하는 걸 하고 스스로 배움을 찾아가며 경쟁없이

---

1) brain writing 기법은 자유로운 사고를 촉진하는 토론법인 브레인 스토밍(brain storming)을 말이 아닌 글로 쓰는 방법으로, 조별로 전지 1장씩을 가지고 질문에 대한 각 개인의 답을 쓴 뒤, 옆으로 한 칸씩 돌려가며 다른 조원의 의견에 댓글을 달아 자기가 쓴 글이 자기 앞으로 돌아올 때까지 진행하는 의견 수합 방법입니다.

탐구하는 그들의 교육 이야기는 우리 아이들의 학업에 대해 많은 생각을 갖게 합니다.

우리 아이들이 학교에서 배우는 이 공부가 아이들에게는 어떤 목적과 의미를 주어야 할까요? 다음의 문단을 읽어보세요.

우리가 창조된 구체적인 목적, 곧 우리가 부름받은 그 목적을 발견할 때에만 우리 인생의 소명을 비로소 찾을 수 있다. 창조주의 소명에 응답하는 것이 삶의 '궁극적인 존재 이유'이며, 인간의 존재 목적의 가장 고상한 근원이다. 그러면 소명(Calling)이란 무엇인가? 소명이란 하나님이 우리를 그분께로 부르셨기에 우리의 존재 전체, 우리의 행위 전체, 우리의 소유 전체가 특별한 헌신과 역동성으로 그분의 소환에 응답하여 그분을 섬기는데 투자된다는 진리이다.

「소명」오스 기니스 지음 / 홍병룡 옮김

학업과 은사는 하나님을 섬기고 이웃에게 봉사하기 위한 소명을 실천하기 위한 도구입니다. 그러므로 학업과 은사는 주님 주신 소명을 향하여 한 걸음 한 걸음 내딛는 징검다리가 되어야 합니다.

그 징검다리에 한 발짝 걸음을 내딛는 사랑하는 자녀에게 우리는 기독학부모로서 어떤 도움을 줄 수 있을까요?

잘못 들어선 길

1. 대학교가 '종교'인 나라

우리나라에는 유교, 불교, 기독교 외에 국민 모두가 추앙하는 종교가 있으니 바로 '대학교' 입니다. 12년 동안 학교를 다닌 이유는 좋은 대학에 가기 위한 것으로 귀결됩니다. 아이들은 입시 위주의 공부에 지쳐 있고, 학부모들은 일류 대학만을 고집하고 있으며, 대학 입시 정책은 향방 없이 변하고 있는 이 땅에서 교육의 고통을 가중시키고 있습니다.

이러한 고통은 기독교 가정도 예외는 아닙니다. 자녀가 고3이면 주일 예배는 대학가서 하는 것도 늦지 않다 말하기도 하고, 찬양대나 학생회 등 교회활동을 지나치게 열중하면 지금은 공부할 때인데 하고 걱정하며 자제할 것을 요청하지는 않습니까? 대학에 들어가서 해도 늦지 않다는 말은 자녀에게 있어 무의식적으로 대학이 신앙보다 더 중요하다는 것을 가르치는 말이기도 합니다.

2. 더 이상 꿈을 꾸지 않는 자녀

#1.

엄마 : 지호야, 어른이 되면 뭐가 되고 싶니?

지호 : 엄마, 난 선생님이 되고 싶어요.

엄마 : 선생님? 이왕 선생님이 되려면, 시시하지 않게 대학교수가 되어라.

자녀의 꿈 앞에 기독학부모인 우리는 어떻게 응답하고 있나요? 자녀가 무엇을 잘하고 어떤 것에 흥미를 느끼는지 관심도 없이 더 좋은 대학, 좋은 직업을 가지면 그만이라는 생각에 사로잡혀 있지는 않습니까? 아니면 자녀가 자신의 재능을 발견하고 진로를 정해도, 더 안정적인 직업군을 내밀며 자녀의 생각을 제한해 버리지는 않습니까? 때로는 무기력해 보이고, 꿈이 없다는 자녀가 답답하다고 토로하지는 않습니까?

꿈이라는 것은 단번에 정해지는 것도 아니고, 하고 싶은 게 생겼다고 해도 그것이 직업으로 귀결되는 것도 아니며, 바뀌지 않고 지속되는 것도 아닙니다. 자녀가 자라는 시간 동안 꿈은 찾아가는 여정 속에 있으며 수없이 모습을 바꾸며 존재하는 것임을 잊지 말아야 합니다. 무엇보다 기독학부모는 자녀가 꿈을 가질 수 있도록, 잠잠히 자녀가 자신의 길을 갈 수 있도록, 관찰하고 기도하며 격려하기를 놓치지 말아야 합니다.

3. 학원, 과외, 학습지, 사교육에 의존하는 부모

엄마의 뱃속에서부터 태교 논술을 배우고 걷기도 전에 베이비 영어를 익히며 초등학교 입학 전에 한글과 사칙연산, 한자, 영어 등 사교육으로 공부하는 아이들을 보면 부모들은 이내 불안해합니다. 경쟁 속에서 내 아이는 뒤처지는 것은 아닌가 생각하고, 현실이 이러니 어쩔 수 없다 하며 내 자녀를 경쟁 구도 안에 넣습니다.

'사교육 착시효과'라는 말을 들어보았나요? 김희삼 교수는 연구를 통해 수학의 경우 사교육 시간을 1시간 증가하면 수능백분위가 1.5% 상승하지만, 혼자 공부하는 시간이 1시간 증가하면 수능백분위가 4.6% 상승한다고 말하고 있습니다. 사교육을 하면 성적이 상승되는 것처럼 느껴지지만 그것은 공부하는 시간이 늘어서 올라가는 착시효과일 뿐이지 진짜 성적 상승이 아니라는 것입니다.[1] 오히려 지나치게 앞서가는 선행학습은 아이들로 하여금 학습의 동기와 흥미를 떨어트린다는 연구결과들도 있습니다.

우리의 모습은 어떻습니까? '미리 미리 준비하고, 배워둬야 뒤처지지 않는다'라는 생각에 자녀의 속도를 무시한 채 재촉하지는 않습니까? 아이들의 일거수일투족 엄마 주도 학습으로 관리한다면 공부는 아이들에게 지겨운 것, 억지로 하는 것으로 전락하게 됩니다. 기독학부모는 사교육에만 의존하지 말고, 자녀가 스스로 계획을 세워서 학업을 성취하고, 사교육을 선택할 수 있도록 안내하고 격려해야 합니다.

---

1) 조선일보, 「'아무튼주말」 자기주도학습, 사교육보다 성적향상 3배 효과, 학점. 취업에도 좋더라」 2019. 01. 15. 기사 중에서

바른 지도 찾기

1. '자기 일을 즐거워하는 것'과 '그 사람의 몫'

전도서 3장 22절 말씀과 고린도전서 12장 4-7절 말씀을 함께 읽어 봅시다.

> 그러므로 나는 사람이 자기 일에 즐거워하는 것보다 더 나은 것이 없음을 보았
> 나니 이는 그것이 그의 몫이기 때문이라 _전도서 3:22

> 은사는 여러 가지나 성령은 같고 직분은 여러 가지나 주는 같으며 또 사역은
> 여러 가지나 모든 것을 모든 사람 가운데서 이루시는 하나님은 같으니 각 사람
> 에게 성령을 나타내심은 유익하게 하려 하심이라 _고린도전서 12:4-7

+ 성경은 인생에서 가장 좋은 것이 무엇이라고 말씀하고 있습니까?

+ 하나님의 말씀을 통해 그 사람의 독특한 계획과 우리에게 주신 은사는 어떻게 연결되어 있는지
  살펴봅시다.

모든 창조물에는 만든 이의 창조 의도가 그 안에 들어 있습니다. 예를 들어, 마이크가 없던 시절 누군가가 목소리를 크게 확대할 수 있는 마이크가 필요하다고 생각하며 마이크를 만들었다면, 그 마이크의 창조 의도는 '소리를 증폭시키는 장치'에 가장 강력하게 담겨 있을 것이고, 마이크는 그것이 최적화되도록 디자인되었을 것입니다.

사람이 어떤 일을 즐거워한다고 하는 것, 어떤 일을 잘 할 수 있는 은사를 가졌다고 하는 것은 그 사람을 창조하신 하나님의 창조 의도가 나타나고 있는 것이라고 볼 수 있습니다. 그 사람의 좋아하고 잘하는 것과 그 사람을 향한 하나님의 계획과 부르심이 연결되어 있을 가능성이 높습니다.

2. '신앙'은 학문의 뿌리이며 힘

12세기 경 유럽인들은 대학을 세우면서 교육에 신경을 썼습니다. 이때 주도적인 노력을 한 곳이 바로 교회입니다. 최초 유럽 대학들의 대부분이 믿는 이에 의해 세워졌고, 학위를 수여할 수 있는 권위도 교회에 있었습니다. 이들 학교에서는 하루의 수업이 시작될 때 교수와 학생들이 다같이 예배를 드렸고, 수업이 끝날 때도 예배를 드렸습니다.

16세기 종교개혁의 핵심리더였던 루터와 칼빈도 믿는 이들은 복음을 잘 이해해야 하지만, 복음을 전할 세상의 학문도 정확하게 파악해야 한다고 지적했습니다. 그래서 칼빈은 복음과 함께 헬라어, 라틴어와 같은 고대 언어 및 과학, 의학, 사회, 경제, 정치학에 이르는 방대한 분야를 골고루 가르쳤습니다. 하나님의 은혜로 변화된 마음을 가진 믿음의 사람들은 하나님이 창조하신 세계의 섭리를 터득하는 지혜를 갖게 되었고, 심리학, 사회학, 철학, 과학 분야 등을 계속 연구하여 학문에 있어 탁월함을 보였습니다.

"여호와를 경외하는 것이 지식의 근본이거늘[잠1:7]"이라는 말씀처럼 신앙은 학문을 저하시키는 것이 아니라 학문을 생기 있게 하는 진정한 뿌리이며, 힘입니다. 여호와의 교훈인 성경말씀을 모든 공부의 기초로 삼고, 기도하며 공부하고, 소명을 이루기 위한 징검다리로서 학업을 바라보고 공부한다면 하나님에 대해 더 많이 배움과 동시에 세상에 대한 지혜를 얻을 수 있으며, 학업에 대한 동기부여가 됨과 동시에 성취도 얻을 수 있을 것입니다.

위대한 수학자 괴델은 자신을 기독교 루터교 신자로 고백했다. 나 역시 이 우주를 창조하고 운행하며 측량할 수 없는 지혜로 심라만상을 다스리시는 창조주의 지혜의 일부인 수학을 연구하고 있다. 수학을 하면 할수록 그 지혜의 크심에 압도되며, 무한의 하나님이 3차원에 갇힌 나를 무한의 선하심으로 만나주고 대화해 주심에 무릎을 꿇게 된다. 내게 수학은 하나님의 크심을 경험하는 통로다. 그분의 지혜를 조금이나마 손가락으로 만져보는 도구다. 나는 하나님이 자비를 베풀어 그분의 지식을 내게 조금이라도 보여 주심에 감사를 드린다.

『기쁨공식』, 김인강, 좋은씨앗

3. 자녀의 은사 계발하기

1) 하나님의 귀한 선물로 자녀를 대하세요.

어느 때부터인가 우리는 아이를 대할 때 비교하기 시작했습니다. 아이를 있는 모습 그대로 보지 못하고, 주변의 아이들과 비교하여 칭찬하거나 혼내기도 했으며, 자녀가 성적뿐 아니라 성품도 신앙도 걸림이 없는 아이로 커야 한다고 생각했습니다. 무의식적으로 자녀를 향해 뱉는 말들과 태도들은 자녀로 하여금 자신이 하나님의 귀한 선물임을 잊게 만듭니다. 그러나 존재 자체로 인정받는 아이들은 자기 정체성을 뚜렷이 알아 긍정적인 자신감을 가지고 생활하게 됩니다. 자아존중감은 자녀들의 정체성 뿐 아니라 진로와 은사를 계발하는데 아주 중요한 기초입니다. 지금 당장 결과를 내지 못하더라도 자녀는 중요한 내적 잠재력을 소유한 존재임을 잊지 말고, 하나님이 만드신 그대로의 아이를 사랑하고 인정하는 것이 필요합니다.

2) 자녀 스스로 할 수 있도록 기다려주세요.

자녀는 스스로 걷고 말을 하게 될 때부터 독립적인 개체로 서고자 하는 노력을 시작합니다. 어릴 때부터 스스로 선택하고 책임지는 연습을 해 본 아이가 성인이 되어서도 자신의 선택에 대해 두려워하지 않고, 부모를 벗어나 독립적인 개체로서 삶을 살 수 있게 됩니다. 그러나 우리는 하나에서부터 열까지 다 챙겨주는 부모, 숙제를 봐 주다가 다 해주는 부모, 많은 자료와 많은 정보를 가지고 있어 아이를 일일이 데리고 다니지만 그것도 늘 부족하여 더 해주어야 한다고 생각하는 부모, 아이의 학습 준비도나 동기부여를 생각하지 않고 일단 유명하고 좋은 학원을 쫓아다니는 부모로 살고 있지는 않습니까? 완벽한 부모는 자녀를 잘함과 못함으로 칭찬하며 '이렇게까지 내가 고생을 하는데'라고 하는 자기 교만에 빠져 자녀의 온전한 삶을 바라보지 못합니다. 또한 스스로 선택하는 연습을 하지 못한 채 큰 아이들은 성인이 되어서도 자신의 삶을 주도적으로 사는 힘을 잃어버립니다. 자녀들이 '스스로 할 수 있는 힘'을 길러줘야 합니다. 이것은 단번에 성취되는 것이 아닙니다. 자녀가 태어나면서부터 성인이 되기까지 수많은 삶의 경험들 속에서 습득되어 지는 것입니다. 따라서 기독학부모는 한 걸음 뒤에서 바라보고 기다려주는 부모여야 합니다.

3) 자녀의 은사를 찾는 한 가지 방법

자녀의 재능을 발견하는 것은 아주 흥미롭고 기쁜 일입니다. 성경에서는 하나님이 모든 사람에게 각각 고유에 맞는 은사를 주셨다고 기록하고 있습니다. 이 은사는 누군가와 비교해서 더 잘하는 것이 아닙니다. 하나님께서 만드신 고유한 나의 모습 속에서 주신 재능을 의미합니다. 따라서 부모는 자녀를 향한 순수한 사랑으로 재능을 발견하여야 하며, 다른 사람과 비교하여 찾지 말아야 하고, 부모가 판단한 생각과 욕심들을 요구하지 않아야 합니다.

성적으로 발견되지 않는 재능들이 있습니다. 눈으로 드러나는 성적은 자녀와 함께 소명에 대해 깊게 이야기 하는 도구와 기회가 되지만, 성적이 다가 아님을 유의해야 합니다.

재능을 발견하기 위한 한 방법으로 하버드 대학의 하워드 가드너 교수의 '다중지능이론'(Multiple Intelligences Theory)은 도움이 될 수 있습니다. 다중지능이론은 거의 100여년 동안 중요하게 다뤄졌던 IQ의 한계를 뛰어넘어 사람에게는 누구나 타고난 8가지 지능이 있음을 알려주며, 개인마다 가지고 있는 흥미와 적성을 찾도록 도움을 줍니다.

영 역	핵심 요소	관련직업
언어능력	말과 글로써 자신의 생각과 감정을 표현하며 다른 사람의 말과 글을 잘 이해할 수 있는 능력	법률가, 정치가, 작가, 시인, 방송인 등
수리·논리능력	논리적으로 사고하여 문제를 해결하는 능력	수학자, 회계사, 과학자, 컨설턴트, 통계전문가 등
음악능력	음악에 대한 전반적인 이해력과 분석적이고 기능적인 능력으로, 음에 대한 변별력, 변형 및 표현능력과 음조와 멜로디,음색, 리듬, 진동과 같은 음의 세계에 민감한 능력	작곡가, 연주자, 성악가, 음악치료사 등
신체·운동능력	기초체력을 바탕으로 효율적으로 몸을 움직이고 동작을 학습할 수 있는 능력	무용가, 배우, 운동선수, 스포츠 해설가, 외과의사 등
공간·시각능력	도형, 그림, 지도, 입체, 이미지 등을 구상하여 시공간적 세계를 정확하게 인지하고, 변혁시키고 시공간적 아이디어를 창조하는 능력	건축가, 포토그래퍼, 공예가, 조종사, 그래픽 디자이너, 조각가 등
대인관계능력	다른 사람들과 어울리고 소통하며, 타인의 감정과 행동을 인식하고 해석하는 능력	교사, 임상가, 종교인, 정치가, 의사, 상담사 등
자기성찰능력	자신의 생각과 감정을 알고 자신을 돌아보며 감정을 조절할 수 있는 능력	정신과 전문의, 예술가, 심리학자 등
자연친화능력	인간과 자연이 서로 연관되어 있음을 이해하며, 자연에 대해 관심을 갖고, 탐구하고 보호할 수 있는 능력	과학자, 플로리스트, 요리가, 환경학자, 조경사, 탐험가, 식물학자 등

+ 자녀의 강점을 10가지 이상 적어보세요. 그 강점은 다중지능 중 무엇과 연결되어 있나요?

	자녀의 강점	다중지능
1		
2		
3		
4		
5		
6		
7		
8		
9		
10		
11		
12		

+ 자녀의 강점지능을 찾으면서 생각하지 못한 것을 발견하거나 느낀 점이 있나요? 조원과 함께
  나누어보세요.

자녀의 강점과 다중지능을 통하여 하나님께서 자녀에게 주신 은사는 무엇인지를 찾아보았습니다. 자녀의 은사를 찾을 때 가장 중요한 것은 '관찰'입니다. 오랫 동안 자녀를 보고 양육한 주 양육자가 함께 이야기하며 관찰한 것들, 여러 상황 속에서 자녀의 반응들을 복기하면서 자녀의 은사를 함께 찾아가야 합니다.

자녀가 가지고 있는 강점지능 2-3개를 잘 조합하면 자녀는 자신의 삶에서 즐거워하는 것을 찾고, 성과를 내면서 살 수 있습니다. 신체운동능력이 뛰어난 손흥민, 김연아에게 사법고시를 보라고 해서는 안 되는 것처럼 아이들의 강점 지능을 파악하고 자신이 즐거워하는 일로 소명에 응답하는 삶, 그 방향으로 진로를 도와줄 필요가 있습니다.

또한 자녀가 아직 어린 경우, 강점 지능을 활용하여 약점 지능을 보완하려는 노력도 해 볼 수 있습니다. 예를 들어, 음악 지능이 뛰어난 아이들은 음악 지능을 사용하여 정보를 인식하고, 소화하는 것이 수월하기 때문에 학업에 있어서도 음악 지능을 사용하면 수월한 점도 있습니다.

지도를 따라서

여섯 번째 여정을 기억하며 배운 점 또는 느낀 점을 한 줄로 기록해 보세요.

“   ”

자녀가 학업을 하는 이유는 무엇인가요? 다시 "엄마(아빠), 공부는 왜 해야 해요?"라고 물으면 우리는 이제 무엇이라고 답할 수 있을까요? 이 때 꼭 상기해야 할 단어가 "소명"입니다. 소명은 우리를 부르신 하나님을 믿으며 우리의 삶, 우리의 소유 전체를 통해 하나님의 나라를 이루어가겠다는 고백입니다.

따라서 단순히 의사, 교사, 회사원 등과 같은 직업을 소명으로 인식하는 것이 아니라 주님의 향기가 나는 섬김의 의사, 주님의 가르침을 본받아 삶으로 본을 보이는 교사, 하루의 일상 속에 주님의 사랑을 드러내는 회사원 등의 소명 인식이 필요합니다. 소명은 어쩌면 어떤 '직업'이 아니라 그 앞에 수식어처럼 붙어있는 '삶의 방향성' 같은 것일지도 모릅니다. 부모님들은 학업의 길에 서 있는 우리 아이가 주님 안에서 소명을 깨닫도록 끊임없이 기도하며 도와주어야 합니다.

"네가 좋아하고 잘하는 일이 너의 소명이야."라고 말하는 사람들이 있습니다. 이 말도 어느 정도는 옳습니다. 좋아하고 잘하는 일이 하나님이 각 사람에게 주신 목적과 연결되어 있을 것이기 때문입니다. 그러나 세상을 향한 하나님의 안타까움이 머무는 곳에 우리의 삶을 헌신하는 것이 소명에서 더욱 중요한 영역입니다. 하나님은 이 땅에서 하나님의 나라^(뜻과 통치)가 이루어지는 일에 우리를 부르시고 계시기 때문입니다.

그러므로 소명은 '재능'과 '애통함'이 만날 때 발전됩니다. "하나님의 안타까움이 머무는 곳에 네가 좋아하고 잘하는 재능을 사용하는 것이 너의 소명이야."라고 말하는 것이 더 온전한 대답입니다. 이런 소명에 대한 관점으로 자녀의 학업과 은사를 바라보아야 합니다.

workshop & 과제

그동안 부모로서 관찰한 자녀의 은사와 재능, 그리고 기독학부모로서 기대하는 자녀의 삶의 방향성이 어떤 것인지 기록해봅시다. 가정으로 돌아가서 자녀와 함께 이야기를 나누며 소명 위에 학업과 은사를 바라보는 연습을 해보세요.

	은사와 재능	삶의 방향성	학업의 방향과 희망 진로
부모가 보는 자녀의 모습			
자녀와 이야기 해 본 내용			

예)

	은사와 재능	삶의 방향성	학업의 방향과 희망 진로
부모가 보는 자녀의 모습	집중력, 미술, 공간지능	하나님의 마음으로 다른 사람을 섬기는	건물을 만드는 사람
자녀와 이야기 해 본 내용	자기 관심 분야를 방송으로 만드는 일	관심있는 사람에게 도움을 주는	개인 방송국 아나운서

기독학부모의 기도문

우리의 삶을 세밀하게 인도하시는 하나님, 하나님께서 우리 아이를 향하신 특별한 계획과 뜻이 있음을 믿습니다. 그러나 숨 가눌 겨를 없이 앞서 달리기를 재촉하는 세상 속에서 눈앞의 화려한 그림 조각에만 시선을 빼앗긴 채 아이를 향하신 하나님의 뜻과 비전을 너무나도 쉽게 외면하였던 죄를 용서하여 주옵소서.

무엇보다 부모로서 하나님이 자녀에게 주신 은사를 발견하도록 돕고, 하나님께서 품고 계신 소명에 맞게 진로를 찾는 여정을 안내할 수 있도록 지혜와 능력을 주옵소서. 세상을 따라가며 좋은 학교, 좋은 직업을 위한 진로 지도가 아니라 하나님의 부르심과 비전에 다른 진로 지도를 하게 하옵소서.

또한 자녀에게 성령의 기름을 부으셔서 하나님께서 주신 비전을 따라 진로와 직업 선택을 잘 할 수 있도록 언제나 옆에서 도와주시기를 원합니다. 선택의 모든 과정 속에 하나님께서 친히 관여하셔서 인간의 연약함으로 불필요한 고난을 자초하지 않게 하시고 삶이 철저히 하나님의 인도하심 안에 있게 하옵소서. 예수님의 이름으로 기도합니다. 아멘.

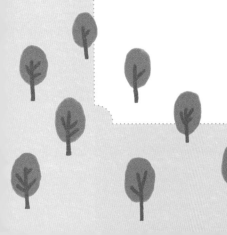

자신의 기도문을 적어보세요.

7

일곱 번째 여정,

기독학부모와
학교

"너희는 세상의 소금이니" (마5:13-16)

여행길에 오르며

가정(부모)과 학교(교사)는 자녀를 바른 길로 양육하는데 가장 중요한 두 기관입니다.

우리의 자녀를 제대로 교육하기 위해서는 교육 주체 간의 협력이 필요합니다.

학교라는 교육 기간에서 오랜 시간 보내며 자라왔고,

때가 되면 자녀를 학교에 진학시키는 기독학부모이지만

학교 참여와 교사와의 협력은 조금 낯설게 다가옵니다.

기독학부모인 우리는 어떻게 학교, 교사와 협력하며 자녀를 양육할 수 있을까요?

매년 새로운 해가 시작될 때 부모님들의 핵심 기도 제목은 무엇일까요? 많은 부모님들은 한 목소리로 "좋은 선생님"을 만나게 해달라고 기도합니다. 왜 그렇습니까? 아이가 학교에서 보내는 시간을 책임질 교육자가 선생님이고, 어떤 교사를 만나느냐에 따라 우리 아이의 학교 생활에 영향이 있다는 생각 때문입니다. 처음 아이를 학교에 보내는 한 어머니는 "내가 투명 인간이었으면 좋겠다"라고 말하기도 합니다. 아이가 학교에서 어떻게 지내는지 걱정되고 불안하다는 것입니다. 그렇기에 부모의 마음으로 우리 아이를 교육해 줄 좋은 선생님을 만나게 해 달라는 기도는 모든 부모들의 공통된 기도 제목입니다.

또한 새 학기 문턱을 넘으면 학부모들에게 여러 선택의 고민이 있으니 그것은 학교 참여에 대한 고민입니다. 학부모 총회가 있는데 가야 할지 말아야 할지, 학교로 자원봉사를 모집할 때에도 활동해야 할지 말아야 할지 등 크고 작은 학교 참여에 대해서도 학부모들은 비슷한 고민과 염려를 합니다.

+ 현재 아이가 다니고 있는 학교에 학부모로서 참여·협력하고 있는 부분은 무엇입니까? 만약에 참여·협력하고 있지 않다면 그 이유는 무엇입니까?

많은 기독학부모들이 자녀 교육에 많은 관심을 쏟고 가정에서 나름대로의 노력을 기울이는 것에 반해, 정작 우리 아이의 교육에 커다란 부분을 담당하고 있는 학교나 교사와의 관계에 있어서는 적극적이지 않습니다. 학부모들은 이렇게 말합니다.

"학교 일이나 행사에 적극 참여하려고 하면 극성 부모인 것처럼 보일까봐 염려되기도 하고, 뒤로 물러서 있자니 나만 소외되는 것 같고 내 아이만 불이익 당할까봐 걱정되기도 해요. 어떻게 하는 것이 지혜로운 기독학부모의 모습인지 잘 모르겠어요."

"학부모 모임에 갈 때마다 세속적인 문화와 가치관 때문에 머리가 너무 아파요. 듣고 있으면 더 불안해지고요. 그런 가치관들이 나를 사로잡을까 두려우니 차라리 관심을 안 두는 게 나아요."

"학교나 교사에게 불만이 왜 없겠어요. 학교나 교사에게 직접 말할 용기는 없고 ••• 학교 내 학부모 모임에서는 학교 측 입장만 전달하고, 학부모들과 같이 이야기를 좀 모아보려 하면 민원을 제기하는 부모처럼 몰아갈까봐 걱정되고, 이럴 땐 어떻게 해야 하나요?"

교육에 대한 바른 모습은 학교와 가정, 교사와 학부모가 공동으로 노력하여 힘쓰는 것입니다. 학교와 가정, 교사와 학부모가 서로 협력할 때 보다 일관성 있고 효과적인 교육이 이루어질 수 있기 때문입니다. 그렇다면 우리 아이가 다니는 학교에 어떻게 참여하고, 교사와 어떻게 관계하는 것이 기독학부모의 모습일지 함께 찾아 봅시다.

잘못 들어선 길

I. 교사의 눈물

2. 갈수록 증가하는 교권 침해

최근 3년간 학생 교권침해 사건 중 성희롱·성폭력 범죄 비중 4.8%p 증가

"학생과 교사 상호 존중하는 문화 조성, 학생 성인지 교육 강화해야"

최근 3년간 학생의 교권침해 사건 중 성희롱·성폭력 범죄 비중이 꾸준히 증가하고 있는 것으로 조사됐다. 국회 교육위원회 소속 강득구(더불어민주당, 안양만안) 의원이 교육부로부터 받은 '교육활동 침해 현황' 자료에 따르면, 최근 3년간 학생의 교권침해 사건 중 성희롱·성폭력 범죄의 비중이 7.9%에서 12.7%로 4.8%p 증가했다.

··· (중략) ···

매년 절반 이상 '모욕 및 명예훼손' 사건
유형별로는 매년 '모욕 및 명예훼손'이 50% 이상으로 가장 많았다. 다음으로는 '성적 굴욕감·혐오감을 일으키는 행위'와 '성폭력 범죄'가 2018년 7.9%(180건), 2019년 9.4%(229건), 2020년 12.7%(137건)으로 비중이 꾸준히 증가하고 있어 이에 대한 우려도 높아지고 있다.

학부모 등으로부터 발생한 교권침해 사건 553건
최근 3년간 학부모 등으로부터 발생한 교권침해 사건은 모두 553건으로 모욕 및 명예훼손이 가장 많았다. 이어서 정당한 교육활동을 반복적으로 부당하게 간섭한 경우, 협박 등이 그 뒤를 이었다. 강득구 의원은 "교사들도 자신이 가르치는 학생을 신고하기까지 수많은 고민과 과정이 있기 때문에, 실제로는 학교 현장에서 더 많은 교권침해가 일어나고 있을 것이다"며, "학생과 교사가 상호 존중하는 학교 문화를 조성하는 것이 급선무이다"고 밝혔다. 또 "학생들이 올바른 성 가치관을 제때 형성할 수 있도록 성인지교육이 강화될 필요가 있다"고 강조했다.

[메디컬월드뉴스 2021.10.19.]

+ 위의 기사에 나타난 학교, 교사, 학부모 등의 잘못된 점은 무엇일까요?

우리 주변에서 흔히 볼 수 있는 학부모들의 모습은 크게 두 부류입니다. 한 가지는 학교나 교사를 무시하면서 교권 침해도 서슴지 않는 과격한 모습이고 다른 한 가지는 학교나 교사의 부당한 요구에도 아무 소리 못하고 쩔쩔매는 모습입니다. 우리의 관점도 이 양극단 어딘가에 위치하고 있습니다. 그러나 이런 모습으로는 오늘날 교육 문제를 해결할 방법이 없습니다.

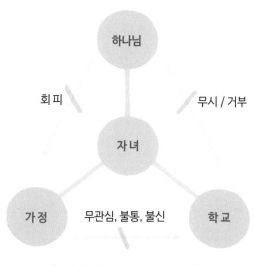

[하나님, 가정, 학교가 분리된 교육]

현재 우리가 만나는 학교, 교사와의 관계는 어떻습니까? 그림을 보면 우리의 현 모습이 더 잘 보입니다. 하나님께서 가정에게 주신 교육의 주체로서의 권위를 회피하며,

학교는 하나님의 교육을 거부하며, 가정은 학교와 교사에 무관심하고 신뢰하지 않으며 소통하고 있지 않습니다. 하나님, 가정, 학교가 함께 연결되지 않고 서로 분리된 교육은 자녀가 하나님 나라를 세우는 사람으로 성장하는데 도움이 되지 않습니다. 그렇다면 우리가 꿈꾸는 학교와 가정, 그리고 교사와 학부모의 공동체적 협력교육을 이루어갈 좋은 대안은 없을까요?

바른 지도 찾기

하나님께서는 우리가 세상과 어떤 관계를 맺고 살아가기를 원하실까요? 세속에 물들지 않기 위해 세상과는 완전히 분리되어 살아가기를 원하실까요? 그리스도인의 문화관은 크게 "격리적 문화관", "동화적 문화관", "변혁적 문화관"이 있습니다. 학교, 교사에 대해 우리는 어떤 태도를 가지고 있습니까? 세상과 벽을 쌓고 무관심하게 대처하는 "격리적 문화관"입니까? 세상과 별 구별된 없이 똑같이 살아가는 "동화적 문화관"입니까? 아니면 하나님의 뜻을 좇아 세상 안에 있으면서 세상을 새롭게 하여 빛과 소금의 사명을 하는 "변혁적 문화관"입니까?

I. 소금과 빛의 사명

마태복음 5장 13-16절을 함께 읽고 예수님은 우리를 무엇에 비유하셨는지, 그리고 그것은 어떤 의미를 가진 삶인지 조원들과 나누어 봅시다.

> 13 너희는 세상의 소금이니 소금이 만일 그 맛을 잃으면 무엇으로 짜게 하리요 후에는 아무 쓸 데 없어 다만 밖에 버려져 사람에게 밟힐 뿐이니라
> 14 너희는 세상의 빛이라 산 위에 있는 동네가 숨겨지지 못할 것이요

15 사람이 등불을 켜서 말 아래에 두지 아니하고 등경 위에 두나니 이러므로 집 안 모든 사람에게 비치느니라

16 이같이 너희 빛이 사람 앞에 비치게 하여 그들로 너희 착한 행실을 보고 하늘에 계신 너희 아버지께 영광을 돌리게 하라

소금은 맛을 내고 방부제 역할을 합니다. 소금된 우리는 이 땅에 사는 동안 세상에 녹아 들어서 하나님이 주시는 풍성한 삶의 맛을 내고 사회의 부패를 막는 존재가 되어야 합니다. 또한 빛은 주위를 환히 비추어 방향을 제시하는 역할을 합니다. 빛 된 우리는 삶으로 빛을 내고 그 빛을 통해 이 세상이 하나님 안에서 바른 길을 찾아가도록 인도해야 합니다.

말씀은 우리에게 교회의 소금이다, 교회의 빛이다고 하지 않고 '세상의 소금이다', '세상의 빛이다'고 선포합니다. 따라서 기독학부모인 우리는 이 세상 교육의 소금이며, 빛입니다. 하나님이 맡겨 주신 자녀를 바르게 교육하기 위해 부패한 환경을 정화시키고 올바른 방향을 제시하는 노력을 해야 합니다. 하나님의 교육에 한층 가까워지는 자녀의 학급, 학교를 만들어 내야 합니다. 지금 당장 한국교육이 어쩔 수 없다고, 현실이 너무 어둡고 부패했으며, 나 하나 바뀐다고 크게 달라지지 않는다 불평하고 좌절할 것이 아니라 기꺼이 기독학부모로서 '착한 행실'을 자녀의 학급에서부터, 학교에서부터 드러내야 합니다. 그 때 교육 가운데 하나님의 나라가 이루어질 것입니다.

2. 기독학부모와 학교의 관계

하나님께서 우리에게 어떤 모습을 바라실까요? 하나님께서는 가정에 자녀를 맡기시며, 부모를 자녀교육의 주체로 세우셨습니다. 또한 학교에는 하나님의 교육을 할 수 있는 주권을 주셨습니다. 가정과 부모는 자녀교육의 주체로서 학교에 자녀교육을 위탁하였기에 꾸준히 학교와 협력하고 소통해야 합니다.

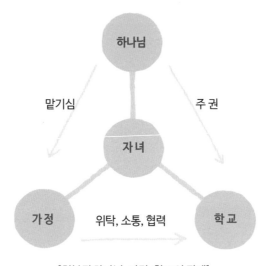

[회복된 하나님, 가정, 학교의 관계]

1) 당당한 교육의 주체로 참여해야 합니다.

과거에 한 때 학교 문턱이 학부모에게 매우 높았던 시절이 있었습니다. 학부모란 존재는 학교에서 요구하는 재정적인 부담이나 감당하고, 교육에 대해서는 어떠한 말도 해서는 안 될 것 같은 시절도 있었습니다.

그러나 오늘날의 교육은 학부모도 교육의 당당한 주체로서 인정하고 있습니다. 학부모는 학생의 친권자로서, 교육 재정을 책임지는 납세자로서 교육의 주체입니다. 따라서 학교 교육과정이나 학교 운영에 학부모가 참여할 수 있는 여러 가지 기회를 법적·제도적으로 만들어 놓았습니다. 대표적인 예로 학교운영위원회가 있습니다. 학교운영위원회는 학교 교육과정과 학교 운영에 교원위원, 학부모위원, 지역위원이 고루 참여하는 법적 기구입니다. 학교별로 다양하고 창의적인 교육 내용과 민주적인 학교 운영을 위해 학부모의 다양한 교육적 요구를 담아 내려고 만든 것입니다.

학교운영위원회 이외에도 학부모는 다양한 방법으로 학교 참여를 할 수 있습니다. 학교별로 차이는 있지만 대게 학부모회, 급식 모니터링, 도서관 지원, 안전 및 학생 상담 관련 활동 등 여러 방법이 있습니다.

TIP 1. 학부모가 할 수 있는 학교 참여

+ 각 종 위원회를 통한 의사결정에 참여
: 학교폭력자치위원회, 학교급식소위원회, 인사위원회, 교장공모심사위원, 교육과정심
  의위원회, 학교운영위원회

+ 학교 교육 활동 참여
: 교원능력개발평가 학부모 만족도 조사, 공개수업 참관, 상담주관참여 등

+ 학교 교육 모니터링
: 급식 모니터, 방과후학교 모니터, 학부모회 의견 개진

+ 학부모 학교 참여 지원활동
: 학습 지원활동 – 시험감독, 자율학습도우미, 학습자료도우미, 명예교사 등
: 도서관 지원활동 – 명예사서, 독서지도, 책 읽어주기 등
: 급식 지원활동 – 급식 봉사
: 안전관련 지원활동 – 녹색어머니회, 방과후 안전지도 등
: 상담관련 지원활동 – 학생상담자원봉사, 진학 및 진로 코칭, 폭력 상담
: 소외계층 지원활동 – 도시락 배달, 지역사회 봉사, 다문화 가정 및 새터민 가정 지원

+ 학부모교육 참여

[2020 학부모 학교참여 이해하기], 교육부 자료 참고

*학부모ON누리(www.parents.go.kr)홈페이지를 통해 자녀의 발달 특성이해, 인성.생활지도, 학습지도, 진로.진학지도, 부모역량강화, 부모자녀관계, 교육.제도정책, 학부모참여 등에 대한 다양한 자료와 교육을 제공 받으실 수 있습니다.

물론 학부모가 교육의 당당한 주체로서 학교교육에 다양한 방법으로 참여하는 것은 좋은 일이지만, 현실은 그리 쉽지 않습니다. 직장을 다니는 부모들이 참여할 수 있는 부분에 한계가 있기도 하고, 때로는 학교에서 요구하는 부모의 역할들이 잡무에 그치는 경우가 있기 때문입니다.

그러나 학부모들이 학교 교육에 참여함으로써 다양한 측면에서 긍정적인 효과를 얻을 수 있습니다. 자녀의 발달과 학습 전반에 관한 지식을 얻을 수 있으며, 그 결과 자녀와 부모 자신에 대하여 보다 긍정적인 태도를 가질 수 있습니다. 따라서 학부모의 학교교육 참여는 부모-자녀의 관계를 개선시키고, 부모들에게 자녀의 학습을 도와줄 수 있는 다양한 기술을 익히는 기회가 됩니다.

그동안 일부 학부모들이 자신과 내 아이만을 생각하는 이기적이고 왜곡된 사고로 학부모단체 활동을 부정적으로 이끌어 오기도 했습니다. 하지만 이제 달라져야 합니다. 학부모가 교육공동체의 중요한 한 축임을 바로 인식하고, 건전하고 올바른 학교 교육 참여를 위해 고민하고 노력해야 할 것입니다.

그동안 수동적으로 이루어졌던 학교 참여도 주체성을 가지고 참여해야 합니다. 잘못된 관행이 있다면 개선을 요구해야 합니다. 바른 인성과 창의성을 기를 수 있는 다양한 교육 프로그램을 개설해 줄 것을 요청하고, 학교환경 개선과 투명한 학교운영을 촉구해야 합니다.

2) '내 아이'가 아닌 '우리 아이'의 관점을 가지고 참여해야 합니다.

이때 주의해야 할 것은 학부모의 참여나 요구가 내 아이만을 위한 것이어서는 안 된다는 점입니다. 학부모가 정말 자녀의 행복을 바란다면, 내 아이와 같이 다른 아이들도 함께 행복할 수 있는 삶의 현장으로 학교를 만들어 주어야 합니다. '내 아이'에서 '우리 아이들'의 개념으로 시야를 넓혀야 합니다. 예를 들어, 큰 아이가 공부를 잘했을 때는 평준화 정책에 반대하고, 큰 아이가 대학 들어간 후 작은 아이가 공부를 못했을 때는 평준화 폐지를 반대하는 것과 같은, 그때그때 자신의 이익만을 추구하는 학부모의 이기심을 버려야 합니다. 어떤 상황에서든 성경적인 원리에 입각해서 냉정하고 공정한 자세를 가질 수 있도록 학부모 자신의 인식을 변화시켜야 합니다.

내 아이가 행복하려면 내 아이 옆 친구가 행복해야 합니다. 기독학부모는 '내 아이' 중심적 사고에서 '우리 아이들' 중심적 사고로 전환해야 합니다. 이러한 변화를 위해서는 우리는 부단히 실천하고 연습해야 합니다. 기도도 마찬가지입니다. 내 아이를 위해 기도하다 보면 기도가 내 아이에서만 머물지 않습니다. 내 아이를 위해 기도를 시작한다 하더라도 점차 넓어지게 됩니다. 내 아이의 친구를 위해 기도하게 되고, 또 내 아이의 선생님을 위해서 기도하게 되고, 내 아이의 학교를 위해 기도하게 됩니다. 나중에는 한국 교육을 위해 기도하게 될 것입니다. 우리의 기도는 어떻습니까? 혹 '내 아이만을 위한 기도'에만 머물러 있지는 않습니까?

3. 기독학부모와 교사의 관계

1) 협력자적 관계를 형성해야 합니다.

교사와 학부모의 원만한 관계는 자녀 교육에 있어서 매우 중요합니다. 학부모는 교사에게 아이에 대하여 많은 정보를 주어, 교사로 하여금 아이에 대한 더 깊은 이해를 할 수 있도록 해야 합니다. 학부모 역시 교사를 통해 아이의 학교생활에 대한 정보를 얻을 수 있고, 학교 교육에 대한 더 나은 이해를 할 수 있습니다. 결국 교사와 학부모의 솔직한 대화를 통해 아이에게 보다 적절하고 효과적인 교육을 이루어 낼 수 있습니다.

대부분의 학부모는 교사와 대화하는 것을 부담스러워합니다. 지금까지 교사와 학부모의 관계를 상하수직적인 것으로 잘못 인식하고 있었기 때문입니다. 그러나 이제는 교사와 학부모가 대등한 입장에서 아이의 교육 문제를 의논하는 자세가 필요합니다.

교사와 학부모의 관계는 학생에게 커다란 영향을 끼칩니다. 따라서 교사와 학부모는 서로의 목적 달성을 위한 이해타산의 관계가 아닌 서로 이해하고 협력하는 인격적인 만남의 관계를 세워 가야 할 것입니다. 이러한 관계는 서로를 믿어 주는 상호신뢰를 기반으로 교사를 긍정적인 측면으로 보고 이해하려고 노력하는 가운데 세워질 수 있습니다.

2) 교사의 권위를 인정해야 합니다.

부모들은 무엇보다 교사는 내 아이를 위해 '하나님이 세우신 분'이라는 생각을 가지고 교사의 권위를 인정하고 존중해야 합니다. 교사의 권위가 땅에 떨어질 때 교육은 무기력해집니다. 교사가 교사로서의 자긍심을 갖지 못한다면 열정을 다해 아이들을 가르칠 수 없습니다. 자신의 자아개념이 낮은 교사는 학생들의 자아개념을 높여 줄 수 없습니다. 교사로서의 권위와 자신감을 잃은 교사에게 학생들은 배울 의욕을 갖지 못할 것입니다. 부모들이 자녀 앞에서 교사의 권위를 높여야 할 이유가 바로 여기에 있습니다. 내 아이를 위해서라도 자녀 앞에 교사를 비하하는 말이나 행동은 절대 삼가야 합니다.

최근 우리나라 교사들의 의식 속에 무기력의 풍조가 퍼져간다는 안타까운 소리가 들려오는데, 지나친 학부모의 주장이나 간섭이 그 원인이 되고 있습니다. 열심히 해 봐야 보상도 없고, 좀 잘해 보려다가 괜히 탈나면 골치 아프니까 언제나 적당히, 안전히 하려는 것입니다. 교사가 무기력하면 교육은 힘을 잃습니다. 교사에 대해 참고 기다릴 줄 아는 학부모들의 지혜가 필요합니다.

3) 자녀의 결점 듣기를 두려워하지 마세요.

교사와 상담을 원할 때는 사전에 시간을 미리 약속하고, 상담할 내용을 미리 간단하게 알려주는 것이 좋습니다. 교사가 필요한 자료들을 준비해 두어야 효과적인 상담이 이루어질 수 있으니까요.

간혹 교사와 자녀 문제로 상담할 때 자녀의 결점을 듣기 싫어하는 학부모들이 있습니다. 그러나 교사는 가정에서 학부모가 볼 수 없는 자녀의 또 다른 모습, 즉 집단 속에서의 모습을 객관적으로 보게 됩니다. 학부모는 교사를 통해 내 아이에 대한 객관적인 자료를 얻을 수 있으며, 교사의 충고를 진지하게 받아들여야 합니다. 모든 아이들은 아직 미완성이기 때문에 문제점을 가지고 있으며, 자녀를 바르게 교육하기 위해서는 부모가 이러한 문제점을 정확히 알아야 합니다. 그러나 학부모가 이를 듣기 싫어하고 받아들이지 못하면 교사는 학부모에게 아이의 문제점을 말하지 않게 되고, 결국 자녀는 교육의 기회를 잃게 됩니다.

4) 교사들에게도 칭찬과 격려가 필요합니다.

아이들에게 칭찬과 격려가 필요하듯 교사에게도 칭찬과 격려가 필요합니다. 아이에게 문제가 있을 때만 찾아가 교사에게 요구하는 부모가 되는 것이 아니라, 작은 것에라도 감사할 일이 있을 때 지나치지 않고 표현하는 것이 좋습니다. 마음을 표현할 때는 물질이 아니라 진심이 담긴 쪽지나 문자 메시지 등으로 표현하는 것이 좋습니다.

5) 교사와의 갈등, 어떻게 대처해야 할까요?

기독학부모가 열심히 교사를 격려하고, 소통하려고 해도 때로는 이해할 수 없는 상황이 오기도 하고, 갈등이 생기기도 합니다. 교사의 잘못이 분명해보이는데 교사가 인정하지 않을 때도 있습니다. 세상은 보복의 원리(눈에는 눈, 이에는 이)를 말합니다. 그러나 우리는 세상의 원리를 따르지 않고 성경의 원리를 따라야 합니다.

> 할 수 있거든 너희로서는 모든 사람과 더불어 화목하라… 너희가 친히 원수를 갚지 말고 하나님의 진노하심에 맡기라 … 선으로 악을 이기라 _로마서 12:18-21

> 분을 내어도 죄를 짓지 말며 해가 지도록 분을 품지 말고 _에베소서 4:26

분노의 감정을 하나님 앞에 아뢰고 심판을 하나님께 맡기며 하나님의 만지심을 경험하고 선으로 악을 이기는 경험을 해야 합니다. 아무리 이해하려고 해도 도무지 이해할 수 없을 때 교사와 직접 대화를 통해서 사실이나 의도를 파악하는 것이 바람직합니다. 선입견이나 편견을 가지고 오해하기 시작하면 교사와 학부모 간에 불신만 생겨납니다. 전화나 메일을 이용할 수도 있지만, 가능하면 교사와 대면하여 눈빛과 표정을 보면서 대화하는 것이 가장 바람직합니다. 그리고 아무리 화가 나는 일이더라도 예의를 지키면서 전하고자 하는 메시지를 분명하게 전해야 합니다.

조치를 취하고도 변화가 없으면 마음속에 분노나 원한이 생기게 마련인데, 그것은 우리 마음을 짓누를 뿐 아니라 우리와 하나님을 분리시킵니다. 절대 감정의 홍수상태에서 극단적으로 대응하지 마십시오. 그것은 상황을 더 악화시킬 뿐입니다.

TIP 3. 담임 선생님을 상담 주간에 만났을 때

학교에서는 1년에 한 두 차례 학부모 상담주간을 마련하여 학부모와 교사가 만날 수 있도록 하고 있습니다. 이 기간에 담임선생님의 학급 경영 원칙을 듣고 자녀에 대한 여러 정보를 주고받게 됩니다. 번거롭고 불편하다고 미루지 말고 기독학부모로서 담임 선생님을 만나 건강한 관계를 맺어야 합니다.

① 학교에서 금한 것을 들고 가지 않습니다. (선물, 음료수 등)
② 겸손한 태도로 교사가 어떻게 학급을 이끌어 갈지 경청합니다.
　　모르는 부분이 있다면 양해를 구해 자세히 듣도록 합니다.
③ 자녀에 대해 정확한 정보를 말합니다.
　　미리 상담할 내용을 적어가면 도움이 됩니다.
④ 가정에서 어떻게 지도해야 할지 교사의 조언에 귀를 기울입니다.
⑤ 학급이 즐겁고 안전하도록 부모로서 선생님을 기도와 관심으로 지원할 것임을 밝힙니다.
⑥ 나의 자녀에게만이 아닌 반 아이들 모두를 위하여 건강한 기독학부모가 될 것을 결심합니다.

지도를 따라서

일곱 번째 여정을 기억하며 배운 점 또는 느낀 점을 한 줄로 기록해 보세요.

"   "
_____

교육은 교사, 학생, 학부모가 함께 연주하는 아름다운 곡과 같습니다. 서로를 배려하면서 공동 연주자로서 각자의 역할을 충실히 할 때 아름다운 하모니를 이루듯, 교육도 마찬가지입니다. 우리는 기독학부모로서 하나님의 뜻이 이 땅에서 이루어지기를 기도하면서 우리 아이들의 학교 현장에서도 하나님의 뜻이 이루어질 수 있도록 최선을 다해야 합니다.

workshop

다음의 항목에서 자신의 모습에 해당되는 것을 체크해 봅시다.

교사들이 생각하는 바람직한 학부모
학교나 학급의 어려운 일을 묵묵히 도와주는 학부모 ☐
아이를 잘 보살펴주고 챙겨주는 학부모(준비물, 과제 등) ☐
아이의 고칠 점을 지적해주면 고맙다고 말하는 학부모 ☐
교사의 교육방법을 믿고 따라주는 학부모 ☐
교육 상담시간에 꼭 필요한 이야기만 하는 학부모 ☐
교사에 대한 예의를 지키는 학부모 ☐
담임 선생님의 고충을 진심으로 이해하는 학부모 ☐
이야기나 행동이 진실한 학부모 ☐
아이의 약점을 솔직히 이야기하고 도움을 구하는 학부모 ☐
아이의 잘못된 행동을 먼저 이야기하고 상담하는 학부모 ☐

교사에게 거부감을 주는 학부모
나이가 적은 교사에게 반말을 하는 학부모 ☐
아이의 말만 믿고 교사의 말은 불신하는 학부모 ☐
자기 아이만 신경 써 달라고 부탁하는 학부모 ☐
담임 선생님에게 잘하지 못해서 자기가 불이익 당한다고 여기는 학부모 ☐
자기 아이의 잘못된 행동을 두둔하며 다른 아이에게 책임을 돌리는 학부모 ☐
자녀의 학습 준비물을 잘 챙겨주지 않는 학부모 ☐

야단치면 아이가 기가 죽는다고 잘못된 행동을 보고도 방관하는 학부모 ☐

교육에 대한 전문가라고 하며 교사를 가르치려는 학부모 ☐

아무 때나 교실에 전화를 걸어 자녀와 통화하기를 원하는 학부모 ☐

학부모 단체 임원으로 참여하면서 교장, 교감과 친하다고 은근히 과시하는 학부모 ☐

길에서 마주치면 인사도 안하고 못 본 체 지나가는 학부모 ☐

자기 아이의 단점을 모르고 자랑과 칭찬만 하는 학부모 ☐

자기 아이가 우수한 영재에 속한다고 착각하는 학부모 ☐

방과후, 부진한 교과 보충지도를 하려고 하면 아이를 늦게 하교시킨다고 불평하는 학부모 ☐

학교생활에 문제가 많은데도 무관심한 학부모 ☐

자신이 다른 학부모보다 사회적으로 우월하다고 과시하는 학부모 ☐

반대로 내가 생각하는 바람직한 교사와 거부감을 주는 교사를 한 번 써봅시다.

내가 생각하는 바람직한 교사

내가 생각하는 거부감을 주는 교사

과제

학급을 위해 기도합시다

기독학부모는 기도하는 학부모입니다. '내 자녀'를 위한 기도뿐 아니라 '하나님의 자녀'인 이 땅의 자녀를 위해 정성껏 기도할 수 있습니다. 교육을 회복시키고자 하는 선한 마음으로 매일 기도할 수 있는 방법 중 하나를 실천합니다.

① 자녀와 함께 이야기 하며 학급 번호 순으로 아이들 이름을 적어둡니다.
② 1일에는 1번 친구를, 2일에는 2번 친구… 25일에는 25번 친구를 위해 기도합니다.
③ 기도할 때 친구들의 특징이나 장점을 자녀에게 물어보면서 친구들을 귀하게 여기는 마음을 가지도록, 학급을 가고 싶은 장소로 만들기 위해서는 이해하는 마음을 갖도록 자녀와 대화를 나눕니다.
④ 혹 학생들의 기도 순서가 끝나고도 날짜가 남으면 담임 선생님, 교장 선생님, 급식 교사 등을 위해 기도를 합니다.

예)

날짜	이름	기도제목	날짜	이름	기도제목
1	강수민		28	한희원	
2	고영진		29	담임선생님	
3	김예림		30	교장선생님	
4	박지후		31	학교	

기독학부모의 기도문

　사랑의 아버지 하나님, 자녀의 교육을 책임지고 있는 또 하나의 장인 학교가 단순히 지식들과 경쟁을 배우는 곳이 아니라 다른 사람에 대한 존중과 배려, 더불어 살아가는 것을 배워나가는 곳이 되길 기도합니다.

　자녀의 인생의 멘토가 되어줄 교사들을 위해 기도합니다. 쉽게 변화되지 않는 학생들에 대해 분노와 처벌이 아닌 연민과 공감의 마음을 갖게 하옵소서. 학급 가운데 돌봄과 섬김의 가치들이 실현됨으로 아이들의 마음에 희망의 등불이 피어나게 하소서.

　또한 학부모인 제가 학교의 교육 이념과 교육과정에 관심을 갖게 하시고, 보다 적극적이고 건강한 방법으로 학교 교육에 참여할 수 있도록 믿음과 용기를 주십시오. 나의 자녀만을 생각하는 이기적인 틀에서 벗어나 우리의 자녀들이 함께 잘되고 훌륭하게 성장해 갈 수 있도록 돕는 기독학부모가 되게 하옵소서. 선생님들의 권위를 존중하며 그들의 수고에 감사할 줄 아는 부모가 되게 하시고, 자녀를 위해 함께 협력해 가는 신뢰의 관계가 되게 하소서. 이로 인해 학교교육의 현장에서 하나님의 뜻이 이루어지길 예수님의 이름으로 기도합니다. 아멘.

자신의 기도문을 적어보세요.

8

여덟 번째 여정,

기독학부모운동과
하나님 나라

"세 겹 줄은 끊어지지 아니하느니라" (전4:12)

여행길에 오르며

기독학부모로서의 삶은 개인적 차원도 중요하지만 공동체적인 차원도 중요합니다.

나 혼자 좋은 기독학부모가 되는 것과

기독교인 학부모들이 기독학부모로서의 정체성을 확립하고 공동체를 이루는 것 사이에서

과연 나는 어디에 서 있습니까?

자녀를 양육하는 긴 여정 속에서 우리에게 수많은 소리들이 들려옵니다. 기독학부모로서의 정체성을 알았고, 그렇게 살고자 매순간 다짐하지만 흔들림이 있는 것은 여전합니다. 그렇다고 두 눈과 두 귀를 막고 자녀를 양육할 수 있는 것도 아닙니다. 시류 속에서 자녀를 양육하는 기독학부모인 우리는 어떻게 흔들리면서도 하나님의 교육으로 나아갈 수 있을까요?

+ 한국의 교육현상들 중에 변화가 필요한 부분이 참 많이 있습니다. 가장 변화되어야 할 것은 무엇이라고 생각하나요? 그 문제에 기독학부모들이 할 수 있는 일은 무엇일까요?

내 아이는 여전히 한국의 교육이라는 거대한 굴레 속에 있기에, 교육의 문제가 곧 자녀의 문제로 연결됩니다. 한 사람의 기독학부모가 세상을 변화시키는 일은 불가능해 보입니다. 그럼에도 불구하고, 한 사람을 넘어 기독학부모가 함께 변화시킬 수 있는 방법은 없을까요?

잘못 들어선 길

1. 왜곡된 학부모

교회에 다니는 많은 부모와 우리의 모습을 보면서 교육에 대한 생각이나 태도가 '기독학부모'의 모습이 아니라고 생각한 적은 없었나요? 한국 교회의 성도 대부분이 학부모이지만 자녀 교육이나 학교 교육에 대해서는 기독교적인 가치관을 확립하고 이를 실천하고 있는 경우는 많지 않습니다. 예수 그리스도를 주로 고백하는 기독교인이지만 교육에 대해서는 여전히 세속적인 생각과 태도를 갖는 경향이 있습니다. 기독교인 학부모라고 하지만 아이들을 '하나님의 일꾼'으로 자라도록 돕는 것을 우선적인 목적으로 두기 보다는 좋은 대학에 들어가고, 좋은 직장을 얻는 것을 목적으로 두지는 않았습니까? 복음을 알지 못하는 사람들과 다를 바 없이 획일적인 경쟁주의에 자녀를 내몰며, 성품이나 인격의 성숙에는 무관심한 채 다른 사람의 자녀보다 내 자녀가 앞서기만을 바라는 그릇된 교육열에 사로잡히는 경우도 있습니다. 또한 자녀에게 허락하신 하나님의 은사와 재능을 잘 발견하고 이를 개발하여 하나님 나라에 공헌할 수 있도록 하기 보다는 세상의 평판과 기준대로 판에 박힌 듯한 교육을 강요하기도 합니다.

이제는 '기독학부모'로서 세속적 가치관으로 교육을 대하는 것이 아니라 기독학부모답게 생각하고 판단하고 실천하는 변화가 필요합니다.

2. 교인들의 한계

한국 교회의 교인들은 여러 가지 면에서 큰 공헌을 하였습니다. 전도와 선교 사업은 물론 교회봉사와 구제에 앞장섰으며, 궂은일도 도맡아 담당했습니다. 한국 교회가 오늘날의 모습으로 성장하게 된 것은 교회 안의 성도 한 사람, 한 사람이 중요한 역할을 감당했기 때문입니다. 그러나 한 가지 아쉬운 점이 있다면 한국 교회의 성도들 중 대부분은 부모임에도 불구하고 '기독학부모'로서의 기능을 제대로 감당해 오지 못했다는 점입니다. 대부분의 성도들은 학부모들이지만 한국 교회는 그들을 진정한 '기독학부모'로 세우는 일에 큰 관심을 두지 못했고, 자녀들의 교육에 대해 기독교적인 관점으로 바라볼 수 있도록 돕는 것에 힘쓰지 못했습니다. 교육의 고통이 심각함에도 불구하고 교회가 먼저 교육의 문제를 함께 아파하며 깊이 기도하지 못했고, 지역의 학교에 관심을 갖고 학생들과 교사를 위해 기도하거나 격려하는 일에도 부족하였습니다. 더욱이 한국의 교육현실을 개선하기 위해 기독교적인 목소리를 내지 못하였고, 기독교사, 기독교학교와 연대하여 공동체적으로 대응하는 일도 거의 볼 수 없었습니다. 그러나 이제는 한국 교회가 단순히 개인의 신앙적 차원을 넘어 부모들을 기독학부모로 세우고, 기독학부모로서의 역할과 사명을 감당하도록 지지해야 하는 때가 되었습니다. 교육의 영역에서도 하나님 나라를 이루기 위해서는 기독교학교나 기독교사 뿐 아니라 기독학부모의 역할이 중요한데 한국 교회가 이 사명을 감당할 수 있어야 합니다.

바른 지도 찾기

I. '혼자'가 아닌 '함께' 가는 기독학부모

혼자면 흔들리고 넘어지지만 함께하면 변화가 가능합니다. 기독학부모들이 공동체를 이루어 기독학부모운동을 일으키면 왜곡된 교육은 변화될 수 있습니다. 성경은 우리에게 지속적으로 '함께'함의 중요성을 이야기 하고 있습니다.

+ 전도서 4장 9-12절과 마태복음 18장 20절을 읽고 성경은 혼자가 아니라 '함께'하면 어떤 일이 일어난다고 하는지 조원과 나눠보세요.

9 두 사람이 한 사람보다 나음은 그들이 수고함으로 좋은 상을 얻을 것임이라

10 혹시 그들이 넘어지면 하나가 붙들어 일으키려니와 홀로 있어 넘어지고 붙들어 일으킬 자가 없는 자에게는 화가 있으리라

11 또 두 사람이 함께 누우면 따뜻하거니와 한 사람이면 어찌 따뜻하랴

12 한 사람이면 패하겠거니와 두 사람이면 맞설 수 있나니 세 겹 줄은 쉽게 끊어지지 아니하느니라

20 두 세 사람이 내 이름으로 모인 곳에는 나도 그들 중에 있느니라

기독학부모가 함께 모이면 성령 하나님이 그 가운데 계십니다. 또한 혼자면 불가능하지만 기독학부모가 함께 하면 넘어지고 흔들리는 기독학부모를 서로 붙잡아 일으켜 줄 수 있고, 혼자 걷는 길은 외롭지만 함께 하면 외롭지 않고 따뜻하며, 혼자는 교육의 변화가 불가능하지만 함께 하면 왜곡된 교육에 맞서 하나님의 교육으로 변화시킬 수 있습니다.

기독학부모인 내가 한 사람으로서 잘 서는 개인적 차원도 중요하지만 결국은 변화를 위해서는 공동체적 차원이 함께 있어야 합니다. 많은 기독교인 학부모들이 기독학부모로서의 정체성을 확립하고 공동체를 이루게 될 때 교육의 영역에서 하나님 나라가 확장될 수 있습니다. 기독교인 교사들이 기독교사의 정체성을 회복하여 '기독교사운동'을 담당할 때 학교 현장을 변화시켜 나가듯이, 기독교인 부모들이 '기독학부모운동'을 통해 교육의 영역에서 기독교적 영향력을 발휘해야 합니다.

그러나 안타깝게도 한국에서는 기독학부모운동을 거의 찾아볼 수 없습니다. 여러 학부모 단체들이 생겨나고 자녀 교육에 대해 목소리를 합하여 내는 일이 많아지고 있지만, 기독교인 부모들이 '기독학부모운동'을 통해 이 땅의 교육 가운데 기독교적 자녀양육, 자녀 교육에 대한 목소리를 내는 일은 전무하다고 해도 과언이 아닙니다. 한국 교회의 기독교인 학부모들을 깨워 기독학부모로서의 사명을 감당하게 하고, 이를 공동체적인 기독학부모운동으로 발전시키는 것은 전체 기독교교육운동에 크게 공헌하는 일이며, 공헌할 것임이 분명합니다.

따라서 기독학부모운동은 먼저 신앙고백운동이 되어야 합니다. 자신의 신앙적 고백이 교육에까지 연결될 때 생명적인 변화가 가능하기 때문입니다. 다른 사람의 판단이나 유행, 사회의 여론에 의한 자녀 교육이 아니라 신앙에 근거한 교육운동이 되어야 합니다. 또한 기독학부모운동은 교회갱신운동이기도 합니다. 기복신앙적인 잘못된 가치관을 갱신하여 모든 영역에서 예수 그리스도가 주님되심(Lordship)을 인정하는 운동입니다. 기독학부모운동은 자신의 자녀에 대한 신앙적 전인교육을 추구할 뿐 아니라 나아가 이 땅 교육을 살리는 교육운동입니다. 내 자녀가 귀한 만큼 이 땅의 아이들을 귀히 여기며, 모든 자녀들을 교육의 고통에서 벗어나 다양한 분야에서 하나님의 일꾼으로 헌신토록 하는 교육운동입니다.

2. 나는 기독학부모입니다

나는 기독학부모입니다.
나는 교육의 희망입니다.

기독학부모교실에서는 수업 시작과 끝에 오른손을 왼쪽 가슴에 살며시 올리고서 반드시 외치는 구호가 있습니다. 그것은 바로 "나는 기독학부모입니다. 나는 교육의 희망입니다."라는 외침입니다. 이 구호는 교육의 회복은 간절하게 바라는 하나님의 바람 앞에서 기독학부모로서의 정체성을 확고히 세워 이 땅에서 교육의 희망으로 우뚝 서고자 하는 소망을 담은 것입니다. 따라서 이 구호 속에는 다음과 같이 우리가 함께 품어야 할 정체성의 핵심이 있습니다.

1) '나는'

구호 속의 '나는'이라는 외침은 다른 사람과 비교하지 않겠다는 신앙의 고백입니다. 다른 사람과 비교하지 않으며 다른 사람처럼 되려고 하지도 않습니다. 하나님 앞에서 '나는'으로 살기로 다짐하는 고백입니다. '나는'이기에 때로는 힘들고 어렵고 의지가 약할 때가 있습니다. 그럼에도 불구하고 '나는 하나님의 길을 걷겠습니다'라고 다짐하는 고백이며 헌신입니다.

2) '기독학부모'

구호 속의 '기독학부모'라는 것은 우리의 새로운 정체성입니다. 이 땅에는 '기독' 학부모, 기독 '학부모', '기독'학부모', '기독학부모'가 존재합니다. 지금까지 우리가 옛 모습으로 살고, 그렇게 생각하며 그릇된 가치관으로 자녀양육을 했다면 이제는 하나님이 우리에게 부여하신 새로운 정체성인 '기독학부모'로서 살아가야 합니다.

3) '나는 …입니다'

구호 속의 '나는 …입니다'라는 외침은 우리가 지금까지 가져왔던 다른 정체성에 대해 "No"라고 단호히 외치겠다는 결단입니다. 하나님께서 우리에게 '기독학부모'라는 새로운 정체성을 부여해 주셨으니 이제는 그것을 단순히 아는 것에 그치는 것이 아니라 삶으로 드러내며 살겠다는 다짐입니다. 여전히 교육의 시류 속에 휩쓸리지 않고 묵묵히 걸어가는 것은 힘들지만, 아는 것을 넘어 사는 것으로 나타내는 헌신의 고백입니다.

4) '나는 기독학부모입니다'

'나는 기독학부모입니다'라는 우리의 고백과 다짐은 사실상 두 가지 회복 운동을 포함합니다. 첫째, 하나님께로는 기도운동입니다. 여전히 연약하여서 하나님이 주신 새로운 정체성으로 살아가고자 하지만 교육의 시류 한 가운데 서 있는 우리는 넘어지기 쉽습니다. 따라서 매일같이 하나님 아버지께 옳은 길, 믿음의 길을 걸을 수 있는 용기를 달라고 기도해야 합니다.

둘째, 이 땅을 향하여서는 기독학부모운동입니다. 신앙과 삶이 분리되어 있던 부모의 삶이 아니라 올바른 신앙을 가진 삶으로 회복하겠다는 운동이며, 더불어 교육의 고통과 아픔이 만연한 이 땅에 또 다른 모습의 가해자로 그 대열에 합류하는 것이 아니라 자녀 교육을 기독교적으로 감당해서 결국 이 땅의 교육회복운동의 주체자로 살아가겠다고 다짐하며, 함께 거대한 시류에 휩쓸리지 않는 방파제로서 기독학부모들을 세우겠다는 운동입니다.

3. 기독학부모운동의 전략

세 겹 줄은 끊어지지 않는다는 말씀처럼 나 혼자 기독학부모로 살아가기에는 큰 용기가 필요하지만 함께 그 일을 감당하는 공동체가 있다면 우리는 더 큰 용기를 얻고 믿음으로 발걸음을 내딛을 수 있습니다. 그렇다면 우리가 속한 교회에서, 자녀의 학교에서 기독학부모 공동체를 어떤 방법으로 만들 수 있을까요?

1) 기독학부모 기도회

기독학부모교실이 끝난 후, 많은 기독학부모들은 기도모임으로 공동체를 형성합니다. 기독학부모는 무엇보다 기도하는 학부모여야 합니다. 일주일에 한 번, 또는 한달에 한 번 자녀 양육에 대한 서로의 생각과 기도 제목을 나누고 함께 모여 나의 자녀만이 아닌 우리의 자녀와 한국 교육을 위해 기도하는 시간을 보내면 됩니다. 교회 안에 기도모임을 가질 수도 있고, 가능하다면 자녀의 학교별로 기독학부모 기도모임을 가지고 함께 기도하며, 학원 선교와 학교의 기독교적 교육을 위한 동역자가 될 수 있습니다.

어떤 기도 제목으로 어디서부터 어떻게 기도해야 할지 막막하다면 기독학부모운동본부에서 발행한 기도책자를 통해 365일 다양한 기도 제목으로 자녀와 한국 교육을 위한 중보적 기도를 드릴 수 있습니다.

2) 교회별, 학교별 기독학부모 모임

교회별로, 학교별로 아니면 주변의 기독학부모와 함께 기독학부모 모임을 가질 수 있습니다. 기독학부모교실 이후 함께 말씀을 보며 이야기를 나누어도 되고, 자녀 교육에 대한 책을 읽고 나누어도 됩니다. 신문의 교육 기사들을 보고 서로의 생각을 나누어도 좋습니다. 모임 때마다 주제를 정하여 함께 이야기를 나누고 서로가 공유하는 기독교적 자녀 교육 원칙을 세워도 좋습니다. 책이나 교육주제들을 선정하기 어렵다면 기독교학교교육연구소에서 정기적으로 발행하는 [기독학부모신문]을 가지고 함께 이야기를 나눠도 좋습니다.

정기적으로 모여 기독학부모의 정체성과 역할에 대해 꾸준히 고민하고, 가정에서 자녀의 학교에서 우리의 삶에서 그리고 교회에서, 한국 교육에서 어떻게 기독학부모로서 살아갈 것인가 실천할 수 있는 일들을 하나씩 해보도록 합니다.

3) 학원 선교 및 기독교교육 단체 지원

이 땅에는 기독교교육을 위해 수고하는 학원 선교 단체 또는 기독교사 단체, 기독교교육 단체들이 있습니다. 이러한 단체들을 기도와 후원, 관심으로 지원하는 것도 기독학부모들이 해야 할 중요한 사역입니다. 기독학부모로서 내 자녀에게만 관심일 매몰되기 쉬운데, 이러한 단체들을 지원함으로써 '보내는 선교사'의 사명을 감당하고, 내 자녀를 넘어 이 땅의 아이들과 교육에 관심을 가지게 되면, 더 나아가 교육의 영역에서 하나님 나라를 이루어가는 밀알로서의 사명을 감당할 수 있게 됩니다. 이제는 기독학부모가 개인적 차원을 넘어 한국 교육 가운데 기독교교육운동이 일어나도록 공헌해야 할 때입니다.

4) 기독학부모운동

한국의 교육은 여전히 왜곡된 교육이며, 하나님께서 애통해 하시는 교육입니다. 이런 교육 현실을 새롭게 하고 보다 거시적으로 교육을 힘있게 변화시키기 위해서는 기독학부모운동이 일어나면 중추적으로 감당할 기독학부모 단체가 결성될 필요가 있습니다. 학부모가 교육의 주체임을 확인하고, 기독교적인 관점으로 한국 교육에 한 목소리를 내며, 교육 문제를 해결하는 운동이 시작되어야 합니다. 지역교회 기독학부모 모임이 기초가 되어 한국 교회의 건실한 기독학부모 단체가 결성될 수 있다면 교육의 영역에서 하나님 나라는 보다 더 힘있게 실현될 수 있을 것입니다.

지도를 따라서

여덟 번째 여정을 기억하며 배운 점 또는 느낀 점을 한 줄로 기록해 보세요.

"   "
_____

오늘날 교육은 마치 "땅이 혼돈하고 공허하며 흑암이 깊음 위에 있고"라는 창세기(1:2)의 말씀처럼 혼돈과 공허와 흑암으로 가득 차 있습니다. 교육으로 인한 신음 소리와 탄식 소리와 부르짖는 소리가 사방에서 들려오고 있습니다. 하나님은 이런 교육의 상황 속에서 우리를 부르셨습니다.

예수 그리스도의 복음 안에 하나님의 교육은 비밀스럽게 감추어져 있습니다. 하나님은 이제 그 비밀을 깨닫고 비전을 자신의 소명으로 확신하는 자들을 통해 기독학부모운동을 이루시기를 원하십니다. 이 사명은 목회와 다를 바 없는 가치를 지닌 하나님의 뜻이요, 부르심입니다. 오늘도 하나님은 기독학부모들을 통해 교육의 영역에서 하나님 나라가 이루어지기를 원하시며, 오늘도 그의 나라와 그의 의를 구하는 일꾼을 부르고 계십니다.

한 사람, 한 사람이 이 땅에 기독학부모로 살아가면서 한국 교육 가운데 기독학부모운동이 아름답게 이루어지는 모습을 꿈꿔 봅시다. 내 자신이 기독학부모운동의 일원이 되어 기독학부모운동이 활발히 펼쳐질 때 어떤 일이 일어날까요?

가정예배를 드리는 가정이 늘어나고, 자녀의 모습을 있는 모습 그대로 인정하며, 자녀와 부모가 하나님의 형상대로 회복된 성품을 지닌 삶을 살고, 자녀 안에 잠재된 은사를 발견하여 하나님 나라의 일꾼으로 자라도록 돕는 부모가 많아질 것입니다. 또한 내 자녀만이 아닌 우리의 자녀를 생각하고 모든 아이를 내 자식처럼 사랑하는 기독학부모가 많아지고, 나 먼저 기독학부모로서 살아가기 위해 발버둥치는 부모가 많아져서 이 땅에 자살하는 아이들의 수가 줄어들며, 집단따돌림 등이 사라질 것입니다. 교사들도 학생들을 성의껏 가르치며, 교회−가정−학교가 마을의 아이들을 기르고자 연합할 것입니다. 그리고 학교와 한국 교육이 더 이상 경쟁을 종용하며, 우위를 차지하는 삶을 가르치는 것이 아니라 함께 더불어 살고, 섬기고 기여하는 삶에 대해 가르치게 될 것입니다.

이제는 우리가 하나님의 교육이 가득한 세상을 꿈꾸며 각자의 자리에서 기독학부모로서 살아가고 자녀를 양육하며 함께 기독학부모로 살아가는 부모들을 지지하고 한국 교육의 거룩한 변화의 씨앗들이 되기를 소망합니다.

workshop

지난 8주 동안 배운 내용들을 회고하며, 각 장의 주제들을 한 문장으로 정리해 봅시다.

∨ 첫 번째 여정, 기독학부모는 누구인가

....

∨ 두 번째 여정, 기독학부모의 교육보기

....

∨ 세 번째 여정, 기독학부모와 자녀 이해

....

∨ 네 번째 여정, 여호와 경외 교육

....

∨ 다섯 번째 여정, 성품 교육

....

∨ 여섯 번째 여정, 학업과 은사 이해

....

∨ 일곱 번째 여정, 기독학부모와 학교

....

∨ 여덟 번째 여정, 기독학부모운동과 하나님나라

....

[기독학부모교실]을 마무리 하며,
지금까지 배운 것을 기초로 기독학부모 선언문을 작성해 봅시다.

....

....

....

....

....

....

....

....

....

....

기독학부모 선언문

01. 우리는 하나님이 맡기신 자녀교육의 주체로서,
　　'기독'과 '학부모'가 분리되지 않은 '기독학부모'의 정체성을 가지겠습니다.

02. 우리는 출세지향적인 자녀 성공관을 버리고,
　　자녀가 하나님과 이웃을 사랑하는 사람이 되도록 양육하겠습니다.

03. 우리는 자녀에게 자신의 유익을 위한 지식이 아닌,
　　이웃을 섬기는 지식이 바른 공부의 목적임을 가르치겠습니다.

04. 우리는 자녀를 있는 모습 그대로 인정하고,
　　자녀의 생각을 존중하며 함께 소통하겠습니다.

05. 우리는 자녀의 신앙교육에 무관심하였던 모습을 깨닫고,
　　자녀에게 여호와를 경외하는 삶이 우선되도록 신앙을 전수하겠습니다.

06. 우리는 자녀가 성령의 열매를 맺으며 살아가도록
　　가정에서 지속적인 성품교육을 하며 삶으로 본을 보이겠습니다.

07. 우리는 하나님께서 자녀에게 주신 독특한 은사와 재능을 계발하여,
　　하나님의 뜻 안에서 소명의 삶을 살도록 은사의 점화자가 되겠습니다.

08. 우리는 교육의 주체로서 자녀들의 학교교육에 계속적인 관심을 가지며,
　　건강한 학교참여를 통해 '우리 자녀'를 함께 키우는 문화를 만들겠습니다.

09. 우리는 기독학부모로서 기독교적 교육관을 공유하고,
　　세속적인 교육관에 흔들리지 않도록 기독학부모공동체를 세우겠습니다.

10. 우리는 세상의 빛과 소금으로 부르신 사명에 따라
　　교육의 영역에서 하나님의 나라가 임하도록 기도하며 노력하겠습니다.

자신의 선언문을 적어보세요.

점선을 따라 잘라주세요

성령의 열매

기독교학교교육연구소 www.cserc.or.kr

사랑

화평

오래참음

신실함

친절

예수님의 사랑으로
우리들이 서로
사랑하기를 원하시는
하나님의 선물이에요.

고난과 어려움이 있어도
하나님의 선하심에 대한
믿음 가운데 오래버티기를 원
하시는 하나님의 선물이에요.

하나님 그리고 이웃과 평화로우며
서로 사과하고 용서하기를 원하시는
하나님의 선물이에요.

예수님을 닮아
말과 행실로
친절하기를 바라시는
하나님의 선물이에요.

주님께서 부탁하신 것을
확신을 가지고 지키며
하나님과 사람에게 진실할 수
있는 하나님의 선물이에요.

점선을 따라 잘라주세요

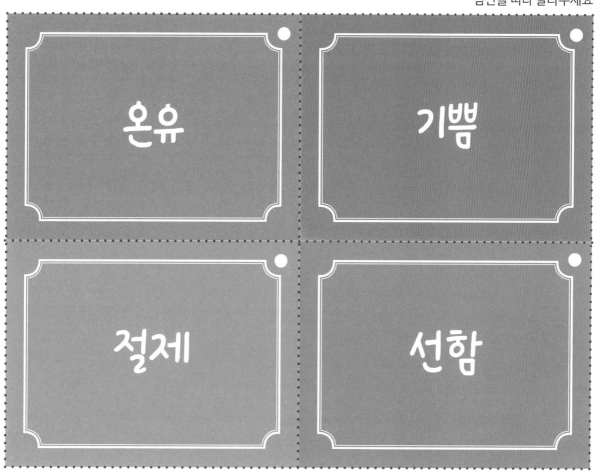

슬픔과 고통, 근심
가운데서도 누릴 수 있는
하나님의 선물이에요.

비록 적이라 하더라도
대항하지 않고
오히려 부드러운 인격으로
이길 수 있는
하나님의 선물이에요

남이 보지 않아도
다른 사람에게 착한 마음으로
베풀기를 원하시는
하나님의 선물이에요.

잘못된 길에 빠지지 않고
하나님이 기뻐하시는
방법대로 살아가게 하는
하나님의 선물이에요